글쓰기 기본기

글쓰기 기본기

이강룡 지음

창비

2부 글쓰기 전략

고치기

시작하며:
아름다운 말과 좋은 글

우리는 말과 글이라는 표현 수단으로 주로 의사소통을 합니다. 휴대전화를 들고 음성 통화, 영상 통화, 문자, 채팅, 이메일 같은 다양한 표현 도구를 상황에 맞게 사용합니다. 용건을 간략히 전달할 때는 말이든 글이든 별로 어렵지 않은데, 조금 진지하고 자세하게 메시지를 전달할 때는 말하는 것도 쉽지 않고 글쓰기도 어려워지는 것 같습니다. 그런데 어떤 사람들은 어느 상황이든 말도 잘하고 글도 잘 쓰는 것 같습니다. 비결이라도 있는 걸까요?

그런데 말을 잘하고, 글을 잘 쓴다는 건 어떤 걸까요? 실제 자기 생각과 다르게 남들 앞에서 말만 번지르르하게 하는 사람이 있습니다. 아무리 말을 잘한다 해도 이 사람을 닮고 싶은 이는 없을 겁니다. 그런가 하면 글은 그럴싸하게 쓰는데 실천과는 거리가 먼 사람도 있습니다. 아무리 문장이 화려해도 이 사람처럼 글을 쓰고 싶은 이는 없을 겁니다. 우리가 닮고자 하는 말과 글은 그런 것이 아니죠. 화려하지는 않아도 진솔한 말 한마디, 맞춤법과 띄어쓰기가 좀 틀려도 올바른 생각이 담겨 있는 글 한 문장, 우리가 닮고 싶은 표현은 오히려 이런 것들입니다. 즉 그 안에 좋은 내용이 담겨야 좋은 말과 좋은 글이 됩니다.

지리산을 오르는 독일인 부부가 있습니다. 등산도 벅찰 텐데 나이 지긋한 독일 남자는 바닥에 떨어진 쓰레기를 배낭에 주워 담으며 산을 오릅니다. 이 장면을 멀찍이 뒤에서 촬영하던 방송국 PD가 장터목 산장에서 남자를 만나 물어봅니다. 왜 쓰레기를 배낭에 담으며 올라왔느냐고요. 남자가 대답합니다. "쓰레기가 떨어진 길에 쓰레기를 또 버리는 건 아주 쉬운 일입니다. 그렇지만 아주 깨끗한 길에 처음으로 쓰레기를 버리는 건 무척 부담스러운 일이죠. 저는 등산객에게 그런 부담을 주고 싶습니다." 이 독일인 아저씨의 말은 참 아름답습니다. 단지 표현이 멋져서일까요?

좋은 글의 예를 한 가지 더 들어 보겠습니다. 다른 사람의 말을 누구보다 잘 들어 주는 마음씨 고운 아주머니가 있습니다. 전쟁이나 재해 같은 커다란 비극을 겪은 사람들의 상처를 대화로 위로해 주는 것이 이 아주머니가 가장 잘하는 일입니다. 그는 이들을 수십 년간 계속 만나면서 깊은 속 이야기를 공유했습니다. 그리고 그 대화 내용을 글로 기록했습니다. 그는 2015년 노벨문학상을 받은 작가 스베틀라나 알렉시예비치입니다. 말을 그대로 글로 옮긴 그의 작품은 '목소리 소설'이라고도 불립니다. 그가 추구한 작품 세계는 세상 사람들이 관심을 별로 쏟지 않는 이른바 비주류 분야였지만 그는 전혀 개의치 않았습니다. 자기가 가장 잘할 수 있는 일을 오랜 시간

동안 꾸준히 하면서 보람을 찾았고, 세상을 조금 더 아름답게 바꾸었습니다.

말과 글은 삶을 표현하는 도구입니다. 삶이 언제나 말과 글보다 중요하죠. 그런데 말과 글에는 묘한 힘이 있습니다. 좋은 말과 좋은 글을 쓰려고 노력하다 보면 어느덧 삶에도 좋은 영향을 미치게 됩니다. 판화가 이철수는 착하고 아름답게 살자는 주제로만 작업을 하다 보니, 이제는 작품이 자기 삶을 지켜 주게 되어 현실에서 도저히 나쁜 일을 할 수 없게 됐다고 말한 적이 있습니다. 저는 이 책에서 우리 삶에 좋은 영향을 줄 수 있는 글쓰기의 여러 표현 방법을 다루고자 합니다.

우리는 타인들과 평생토록 수많은 말과 글을 주고받으며 살아갑니다. 안중근 의사가 남긴 유명한 말이 있지요. "하루라도 글을 읽지 않으면 입 안에 가시가 돋친다." 저는 이 문장을 '남에게 가시 돋친 말을 내뱉지 않으려면 매일 글을 읽음으로써 자신을 돌아보아야 한다'는 뜻으로 해석해 봤습니다. 그래서 글을 쓸 때 같은 내용을 전달하면서도 되도록이면 조금 더 낫게 표현하려고 애를 씁니다. 자기 말을 들어 줄 상대편을 향해 애정을 품지 않으면, 무심코 가시 돋친 말을 할 수도 있으니까요. 어떤 용건을 전달할 때도 이왕이면 더 친절하게 표현하고, 어떤 점을 설득할 때도 이왕이면 상대편 입장에서 한 번 더 생각하고 표현하면 우리 삶은 더 따뜻하고 풍요로워질 겁니다.

사람들이 만들어 내는 아름다운 장면들 속에 글쓰기의 비결이 숨어 있습니다. 2004년 아테네올림픽에서 선두로 달리던 브라질 마라토너 리마에게 관중이 달려드는 사고가 일어납니다. 그렇지만 리마는 포기하지 않고 다시 달렸습니다. 환하게 웃으며 3위로 들어온 리마는 완주한 기쁨을 마음껏 표현했고, 금메달리스트와 은메달리스트에게도 축하와 존경을 보냈습니다. 최선을 다한 경기에서 지고서도 승자를 진심으로 축하하는 선수의 모습은 참으로 감동적이었습니다.

2016년 리우올림픽이 개막하기 전까지는 많은 이들이 브라질의 축구 영웅 펠레가 개막식에서 성화 점화를 맡을 거라고 예측했습니다. 막상 개막식에서 성화를 마지막으로 건네받은 이는 경력이 지극히 평범했던 올림픽 마라톤 동메달리스트 리마였습니다. 관중이 난입하는 사고가 일어났는데도 끝까지 최선을 다한 리마 선수도 멋있지만, 리마를 성화 점화자로 정한 브라질의 선택도 아름다웠지요.

아름다움과 거리가 멀 것만 같은 전장에서도 아름다움은 피어납니다. 제1차 세계대전이 한창이던 1914년 겨울 어느 날, 독일군과 연합군은 참호 안에서 상대편을 향해 총을 겨누고 있었습니다. 그런데 독일군 진영에서 누군가 「고요한 밤 거룩한 밤」을 부르기 시작했습니다. 그날은 크리스마스 이브였지요. 이 노래를 하나둘씩 따라 불렀고, 독일군 병사들의 합창 소리는 정적을 뚫고 적진까지 흘러갔습니다. 노래가 끝나자 100미터쯤 떨어진 연합군 참호에서 누군가 "앙코르"를 외쳤습니다. 독일군 병사들은 "메리 크리스마스" 하고 대답했습니다. 독일군 병사들 중 하나가 연합군을 향해 외쳤습니다. "우리는 쏘지 않을 테니, 너희도 쏘지 마라!" 총구를 겨누고 있던 독일군과 연합군 병사들은 참호에서 나와 크리스마스트리를 사이에 두고 함께 노래를 불렀습니다. 커다란 전쟁 속에 작은 평화가 싹텄지요. 이 사건은 독일군 병사가 어머니에게 보낸 편지에 기록되어 있습니다.

좋은 글을 쓰려면 좋은 것을 많이 보고 경험해야 합니다. 감동적인 영화, 좋은 책, 훌륭한 공연, 아름다운 음악, 근사한 전시…. 세상은 우리가 경험할 수 있는 좋은 것들로 가득 차 있습니다. 우리는 그 모든 것을 직접 겪지는 못하지만, 문자를 비롯한 여러 표현 수단 덕분에 무엇이든 두루 공감할 수 있습니다.

좋은 글을 쓰려면 먼저 어떤 글이 좋은 글인지 알아야 하는데요, '좋은 삶'에 딱 한 가지 정답만 있는 것이 아니듯, '좋은 글'에 정답이 하나로 정해져 있지는 않습니다. 그래서 좋은 글을 알아보는 몇 가지 보편적인 기준을 제시해 보았습니다. 그 기준을 참조하며 여러분의 독창적인 의견을 덧붙여 글을 고르다 보면, 자연스럽게 읽기와 쓰기의 안목도 높아질 것입니다.

글쓰기는 좋은 삶을 살아가려는 이들에게 올바른 길을 알려 줍니다. 그 올바른 길은 무수히 많고 서로 모습도 다르지만, 그 길을 걷는 이들에게는 한결같은 공통점이 있습니다. 자기 자신이 추구하는 가치를 가장 소중히 여긴다는 점입니다. 글쓰기는 자신을 사랑하는 방법을 알려 주고 삶의 가치를 찾는 방법도 가르쳐 줍니다. 그 방법을 함께 공부해 봅시다.

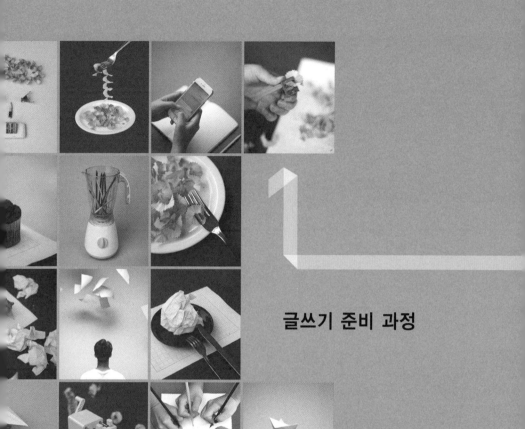

1

글쓰기 준비 과정

표현력을 높이는
5가지 원칙

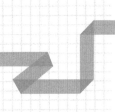

　글은 생각을 표현하는 수단입니다. 그런데 같은 내용을 전달하면서도 형편없이 표현하는 사람이 있는가 하면, 이해하기 좋게 잘 표현하는 사람도 있습니다. 표현하는 데도 기술이나 요령이 있기 때문입니다.

　운동이나 악기를 배울 때 초급자 단계를 얼른 벗어나려면 기본기를 차근차근 배워서 충실히 익혀 두어야 합니다. 글쓰기도 비슷합니다. 무작정 많이 읽고 많이 써 보면서 실력이 늘기를 기대할 것이 아니라, 기초적인 몇 가지 기본기를 먼저 익히는 것이 중요합니다. 그러면 글쓰기의 높은 단계로 통하는 지름길을 찾을 수 있거든요.

　좋은 표현들에는 분명한 공통점이 있습니다. 독자가 잘 이해할 수 있도록 도움을 준다는 점이지요. 여기서 다루는 5가지 표현법은 독자가 글을 더 잘 이해할 수 있게 도움을 주는 세부 원칙입니다.

구체적으로,
더 구체적으로 쓰자

　표현력을 높이려면 먼저 상황을 구체적으로 표현할 줄 알아야 합니다. 두루뭉술한 이야기보다는 구체적인 이야기가 독자에게 더 유용합니다. 글쓰기 교사인 제가 학생들의 글을 지도할 때 가장 많이 적어 주는 문구가 뭔지 아세요? "조금 더 구체적으로 쓰세요"입니다. 제가 검토했던 거의 모든 글에 한 번쯤은 적은 것 같아요. 그만큼 구체적인 표현이 중요합니다. 사물이나 사건을 자세히 관찰해야 글도 잘 쓴다는 말을 자주 들어 보았을 테지요. 자세히 관찰해야 구체적으로 표현할 수 있고, 그래야 표현력도 길러지기 때문입니다. 자, 이 말을 마음에 새겨 두세요.

　"조금 더 구체적으로"

　이 말을 실천하려고 노력하고, 틈날 때마다 연습하세요. 구체적으로 표현할 줄 알면 글쓰기 비법의 반은 터득한 것이나 다름없습니다. 말을 할 때도 글을 쓸 때도 구체적으로 표현하려고 노력하세요. 구체적으로 표현하려다 보면 참신한 소재를 찾을 수 있고 주제도 더 뚜렷해집니다. 평소에 구체적으로 표현하는 연습을 많이 해 두어야 합니다. 예를 몇 가지 들겠습니다.

평범한 표현	구체적인 표현
저녁을 먹었다.	저녁으로 냉이된장찌개와 갈치조림을 먹었다.
나는 연필로 노트에 메모를 한다.	나는 메모할 때 옥스퍼드 노트와 파버카스텔 B 연필을 주로 사용한다.
도토리나무에는 여러 종류가 있다.	도토리가 열리는 나무는 떡갈나무, 신갈나무, 갈참나무, 졸참나무, 굴참나무, 상수리나무 등이 있다.

자기가 좋아하는 것은 종류가 무엇이든 훌륭한 글쓰기 소재입니다. 좋아하는 게 뭐냐는 질문에 "영화요" 하기보다 "「인터스텔라」 같은 SF영화를 좋아해요"라고 대답하는 사람이 글을 조금 더 잘 쓸 겁니다. 표현의 가장 기본적인 원칙인 구체성을 간단한 답에도 담아내기 때문이죠. 이와 마찬가지로 "시를 좋아해요"라고 말하는 사람보다 "윤동주의 「별 헤는 밤」을 가장 좋아해요"라고 표현하는 사람이 글을 조금 더 잘 쓸 겁니다. "클래식 음악을 좋아해요"라고 말하는 사람보다 "바흐의 무반주 첼로 모음곡을 좋아해요"라고 말하는 사람이 글을 더 잘 씁니다. 오늘부터 누가 물으면 "소고기를 좋

아합니다"라고 대답하기보다 콕 집어 안창살을 가장 좋아한다고 대답하세요. "횡성한우면 더 좋고요"라고 덧붙여도 괜찮겠네요.

구체적으로 표현하다 보면 관찰력도 날카로워집니다. 관찰력이 날카로워지면 표현력은 더 좋아집니다. 관찰과 표현은 서로 돕기 때문입니다. 글을 잘 쓰는 학생일수록 다루는 주제도 구체적입니다. 구체성은 제목에서도 잘 드러나는데요, 평범한 제목과 주제가 뚜렷한 구체적인 제목을 한번 비교해 보지요.

평범한 제목	구체적인 제목
『어린 왕자』를 읽고	사람들에게 의미 있는 존재가 된다는 것
감동적이었던 고흐 전시회	망친 그림 위에 새 그림을 그리다
제주도 여행을 다녀와서	김영갑갤러리에서 이중섭미술관까지

"『어린 왕자』를 읽고"처럼 감상문 제목을 밋밋하게 붙이는 학생들이 많습니다. 그러면 독자는 글의 내용을 전혀 짐작할 수 없지요. 제목이 제 역할을 못 하기 때문입니다. 그렇지만 "사람들에게 의미 있는 존재가 된다는 것"처럼 구체적으로 표현된 제목을 보면 독자는 글쓴이의 의도를 짐작해 볼 수 있습니다. 글쓴이의 의도가 잘 드러나는 제목이 좋은 제목입니다. 제목에도 구체성이라는 원칙이 적용되지요. 독자에게 더 깊이 공감을 얻고 독자를 더 잘 설득하는 글은 모두 구체적인 표현에서부터 시작된다는 점을 명심합시다.

애플의 창업자 스티브 잡스는 아이패드 출시 발표회에서 이렇게 말한 적이 있습니다. "아이패드를 켜면 샌프란시스코에서 도쿄까지 가는 비행 시간 내내 영화를 볼 수 있습니다." 배터리 용량이 충분하다는 것을 알리기 위한 표현이었는데요, 이 말만으로 태평양 상공을 날며 비행기 안에서 아이패드로 영화를 보는 장면이 자연스럽게 그려지지요. "한 번 충전하면 9시간 동안 쓸 수 있습니다."라고만 말했다면 어땠을까요? 정확한 표현이긴 해도 청중의 흥미를 끌기는 어려울 것입니다. '9시간'이라는 보이지 않는 개념이 '샌프란시스코에서 도쿄까지의 비행'이라는 뚜렷한 장면으로 전환되면서 표현력이 높아졌습니다.

뒷자리 전화번호가 '8129'인 제 친구가 있습니다. 저는 다른 사람 번호는 몰라도 이 네 자리 숫자만큼은 또렷이 기억합니다. 이 친구가 예전에 모임에서 자기 전화번호 외우는 방법을 알려 준 적이 있거든요. "내 전화번호는 말이야, 이렇게 머리에 팔 하나를 얹고 있는 모습을 떠올리면 쉽게 외울 수 있어. '팔 하나 이구'라고 기억해."

8.1.2.9. → 팔 하나 이구

제 친구 역시 '팔 하나 이구'라는 강력한 표현법을 구사했습니다. 보이지 않는 것을 보이는 것으로 변환하여 표현했다는 점이 핵심입니다. 8129는 숫자의 무의미한 배열이기 때문에 쉽게 기억하기가 어렵습니다. 그런데 '팔 하나 이구'는 쉽게 기억할 수 있습니다. 구체적으로 어떤 장면을 떠올려 볼 수 있기 때문이지요. 시를 공부할 때 처음 배우는 표현 기술인 '형상화'가 바로 이것입니다. 보이지 않는 개념이나 감정을 눈에 보이는 구체적인 사물이나 장면으로 바꾸면 전달력이 높아집니다.

"4월은 잔인한 달"이라는 말을 들어 보았나요? 노벨문학상을 받은 시인 엘리엇이 쓴 『황무지』에 나오는 구절입니다. 엘리엇은 시를 배우려는 대학생들에게 "외롭다"라고 적기보다는 "텅 빈 현관길에 뒹구는 낙엽 한 장"이라고 형상화해야 표현력이 좋아진다고 충고한 적이 있습니다. "외롭다"라고만 적으면 독자는 글쓴이가 느낀 외로움에 공감하기 어렵기 때문이지요. 보이지 않는 감정인 외로움을 눈에 보이는 낙엽으로 바꾸어 표현해야 독자에게 그 감정이 더 잘 전달됩니다.

기쁘다, 즐겁다, 화난다 등은 감정을 표현한 말로서, 자기 감정 상태가 어떤지 상대에게 알리려고 씁니다. 그런데 자기가 느꼈던 기분을 상대와 공유하려면, 즉 공감하려면, 기쁘거나 화가 났다는 사실을 단순히 알리는 데 그쳐선 안 됩니다. 상황을 공유해야 하지요.

상황이 빠진 감정 표현	상황이 반영된 감정 표현
강아지 때문에 짜증 난다.	방금 내 1000피스 퍼즐을 강아지가 엎었다. 몇 조각만 더 맞추면 완성이었는데! 이놈의 똥강아지.
오늘 나는 기분이 우울하다.	3년간 단짝이던 서현이가 오늘 갑자기 멀고 먼 부산으로 이사를 갔다. 같이 피아노 배우기로 해 놓고….

표현력을 높이는 5가지 원칙

왼쪽 칸의 문장에는 "짜증 난다" 또는 "우울하다"처럼 감정을 직접 표현한 구절이 있지만 그 짜증과 우울이 독자에게 전달되지 않고, 오른쪽 칸의 문장에는 짜증 난다는 표현도 없고 우울하다는 표현도 없지만 글쓴이가 느꼈을 짜증과 우울이 독자에게 잘 전달됩니다. 두 문장의 차이에 표현력의 비밀이 숨어 있습니다. 왼쪽 칸의 문장에는 독자와 공유할 만한 정보가 없지만, 오른쪽 칸의 문장에는 공유할 만한 정보가 있다는 점이지요. 구체적인 정보를 독자와 공유하는 것이 독자에게 감정을 생생하게 전달하는 비결입니다.

가령 일기에 "되게 좋았다", "무지 싫었다", "기분 최고다" 같은 표현을 적으면서 상황 정보를 빠뜨린다면 어떻게 될까요? 당분간은 왜 그렇게 적었는지 기억이 나겠지만, 시간이 흘러 기억이 희미해지면 나중에 그 구절을 읽어도 왜 그때 그런 감정이 생겼는지 전혀 짐작할 수 없을 겁니다. 그러면 그 일기는 기록으로서 가치가 없어진 셈이지요. 결과만 적지 말고 과정을 낱낱이 보여 주려고 노력하세요. 구체적으로 기록해 두면 시간이 아무리 지나서 읽어도 당시의 기억을 생생하게 되살려 줄 겁니다. 기록이 기억을 이깁니다. 기억은 변하지만 기록은 변하지 않으니까요.

글을 잘 쓰려면 슬픔을 슬프다고만 표현해서도 안 되고 기쁨을 기쁘다고만 표현해서도 안 됩니다. 그 감정을 혼자만 느낄 게 아니라 독자와 공유하고자 한다면 상황을 조금 더 자세하게 보여 줄 필요가 있습니다. 자기 경험과 지식으로 다른 사람의 처지를 상상하며 마음을 이해하려는 태도를 공감이라고 부릅니다. 빙판길에 넘어진 사람을 보며 얼마나 아플지 염려하며 안타까워하는 것은 자기한테도 비슷한 경험이 있기 때문이지요. 어떤 글을 읽을 때 자기가 아는 이야기가 나오면 더 흥미로워하는 것도 공감의 일종입니다. 그러니 독자와 공감하려면 장면을 구체적이고도 생생하게 표현해야 한다는 점을 명심하세요. 그래야 공감대가 넓어집니다.

결과만 표현한 문장	과정까지 표현한 문장
오늘 저녁 호수공원의 노을은 참 아름다웠다.	오늘 저녁 호수공원에서 노을을 보았는데, 하늘이 황금빛에서 붉은색으로 점점 바뀌다가 해 지기 직전에는 온통 보랏빛으로 물드는 모습이 참 신비로웠다.

'아름다웠다'라고 뭉뚱그려서 표현하면 독자는 공감하기 어렵지만, 장면을 구체적으로 보여 주면 독자는 글쓴이가 느꼈을 아름다움에 가까워질 수 있습니다. 그것이 더 세련된 표현법이지요. 기쁘다고만 쓰지 말고 그 기쁨을 보여 주세요. 화난다고만 쓰지 말고 화난 상황을 독자에게 보여 주세요. 그래야 공감을 얻을 수 있습니다.

독자가 두루 공감하는 멋진 글을 쓰려면 감정을 직접 표현하기보다 그 감정을 느꼈던 상황을 보여 주는 것이 더 좋습니다. 기쁨이나 슬픔, 노여움이나 즐거움을 잘 전달하려면 그 감정이 나오게 된 상황과 맥락을 보여 주는 일이 훨씬 중요하다는 점을 잊어선 안 됩니다.

표현력을 높이는 5가지 원칙

아래는 시인 최승자가 지은 「즐거운 일기」라는 시의 일부입니다.

오늘 나는 기쁘다. 어머니는 건강하심이 증명되었고 밀린 번역료를 받았고 낮의 어느 모임에서 수수한 남자를 소개받았으므로

이 구절은 일상의 잔잔한 기쁨을 표현하고 있는데, 둘째 문장에 그 근거가 상세히 나옵니다. 첫째 문장이 판단에 해당한다면 둘째 문장은 판단의 근거에 해당하지요. 판단 근거를 잘 보여 주려고 노력하면 글은 더 친절해지고 독자는 이해하고 공감하기가 훨씬 수월합니다. 이 시를 본떠 시 한 편을 지어 봐도 좋겠네요. "오늘 나는 즐겁다"라고 시작해도 좋고 "오늘 나는 무척 짜증난다"라고 시작해도 좋겠습니다. 물론 첫째 문장보다 둘째 문장에 신경을 많이 써야겠지요.

오늘 나는 즐겁다. 엄마의 기침이 멎었고 공모전 준비를 다 마쳤으며 부산으로 전학 간 친구에게서 엽서를 받았으므로

구체적인 상황을 보여 주세요. 그러면 감정을 표현하지 않았는데도 신기하게 그 감정이 잘 전달될 겁니다. 제 친구의 전화번호 기억나지요? 보이는 것으로 보이지 않는 것을 표현하세요. 이것이 표현력을 높이는 첫째 원칙입니다.

이 원칙이 잘 반영된 초등학생의 글 한 대목을 소개합니다. 초등

학교 5학년 학생들이 한국민속촌으로 현장 학습을 갔습니다. 한 학생이 그날의 경험을 일기에 이렇게 적었습니다.

옆에 서 있던 흰 말이 갑자기 내 유인물을 뜯어 먹었다. 나는 엉망이 된 유인물을 뺏기지 않으려고 말과 한동안 씨름을 했다. 유인물 모서리에 스테이플러 침이 박혀 있었기 때문이다.

어때요, 표현력이 아주 뛰어나지요? 자기가 경험한 것을 구체적으로 표현했을뿐더러 그 구체적인 경험으로 '생명 존중'이라는 생각까지 잘 전달했습니다. 학생의 글 어디에도 동물을 사랑하자거나 생명을 존중해야 한다는 식의 거창한 구절은 없지만, 이 글을 읽는 독자라면 누구든 동물이 다칠까 봐 염려하는 글쓴이의 따뜻한 마음에 공감할 수 있을 겁니다. 이런 것이 구체적 표현의 힘입니다.

이 학생의 글을 분석하면 좋은 글의 원칙을 찾아낼 수 있습니다. 상황을 구체적으로 보여 주었고, 생명을 존중하자는 생각을 구체적인 경험 안에 자연스럽게 녹여 냈습니다. 독자의 마음을 움직이는 글, 즉 독자를 잘 설득하는 글은 한결같이 이 원칙을 따릅니다. 다른 글을 하나 더 보지요. 한 아주머니가 자신의 초등학생 시절을 떠올리며 글 한 편을 썼습니다.

꼬마들이 빵을 먹는 모습을 보면, 아빠가 퇴근하며 가져다주시던 깨지고 뭉개진 보름달빵이 떠오른다. 공사장 인부였던 아버지는 오후 간식으로 받은 빵을 내게 가져다주시곤 했다. 잠바 주머니에서 꺼내 내게 주시던 보름달빵은 늘 반달이 돼 있거나 찌그러져 있었다. 만원 버스와 비좁은 마을버스로 출퇴근을 했던 아버지.

이 글에는 자신의 과거 경험이 구체적으로 표현되어 있습니다. 독자는 머릿속에 그 내용을 그리면서, 글쓴이가 느꼈을 아버지에 대한 그리움이라든지 애잔함 같은 정서를 함께 느낄 수 있지요. 글쓴이와 똑같은 경험을 하지 못했더라도 자기 경험에 빗대어 글쓴이와 비슷한 것을 느낄 수도 있고요. 그것이 공감입니다. 보름달빵을 먹은 경험이 없더라도 괜찮습니다. 구체적인 표현에 깃든 보편성 덕분에, 아침마다 멍든 사과를 먹었던 과일가게 아들도, 매일 저녁 터진 만두를 먹던 만두집 큰딸도 글쓴이가 느꼈던 정서를 충분히 공감할 수 있으니까요.

예를 하나 더 살펴보지요. 발레리나 강수진의 맨발 사진이 인터넷에 공개된 적이 있습니다. 보통 사람의 발과는 사뭇 달랐습니다. 발가락 마디는 모두 울퉁불퉁 솟아 있었고 여기저기 피멍이 들어 있었습니다. 자기 분야에서 최고 경지에 오르기까지 쏟았던 노력이 사진 한 장에 고스란히 담긴 듯했습니다. 어떤 이들은 강수진의 발 사진과 발톱이 새까맣게 죽은 축구 선수 박지성의 발 사진을 나란히 비교해 놓기도 했고요. 저는 이 사진들을 보며 레슬링 선수 김현우의 귀도 떠올랐습니다. 얼마나 연습했으면 저렇게 귓구멍이 보이지 않을 정도로 귀가 뭉개졌을까 하는 생각이 들었지요. 우리는 서로 다른 것들을 떠올렸지만 느낀 점은 다르지 않습니다. 바로 '성실함' 또는 '노력'이라는 보편적 개념입니다.

어떤 이가 뒤축이 다 닳아 버린 회사원 아버지의 검정색 헌 구두에 관해 쓴다면, 그 글을 읽는 어떤 독자는 매일 전봇대와 송전탑을 오르내리는 아버지의 해진 장갑을 떠올릴 수도 있습니다. 어떤 독자는 집안일을 하느라 지문이 다 닳아 반질반질해진 어머니의 손바닥을 떠올릴 수도 있겠지요. 이렇게 하나를 보고 다른 것을 연상할 수 있는 힘은 구체적인 표현 안에 깃든 보편성에서 나옵니다.

한 중학생이 "인생은 피자?"라는 제목으로 짧은 수필을 지었습니다. 피자를 무척 좋아하는 이 학생은 새로운 피자를 먹을 때마다 그 재료와 맛의 특징을 기록해 둔다고 합니다. 싫어하는 토핑 재료를 이것저것 골라내며 피자를 먹은 적도 많지만, 이제는 있는 그대로 피자를 즐긴다고 합니다. 그래야 피자 맛을 제대로 음미할 수 있으며 인생도 비슷할 것 같다고 썼습니다. 표현이 참신했습니다.

우리는 매일매일 하고 싶은 일만 하며 살기를 바라지만, 더러는 내키지 않더라도 받아들여야 할 때가 있습니다. 더 좋은 결과를 얻으려면 당장 하기 싫더라도 견뎌야 할 때도 있지요. 이 학생은 그런 삶의 지혜를 피자 토핑에 빗대어 잘 표현했습니다. 삶에 관한 깨달음이란 나이 든 사람들의 전유물은 아닙니다. 그런 건 나이를 초월하는 것 같아요.

그런데 이 학생이 구체적인 경험을 표현하지 않고 "살다 보면 하기 싫은 일도 해야 할 때가 있다."라고만 썼다면 별로 공감을 얻지 못했겠지요. 공감은 경험을 공유하는 데서 나오는 법이라서, 구체적 경험이 빠진 깨달음이나 조언은 독자에게 훈계가 되기 십상입니다. 훈계는 판단 근거가 없이 주관적 판단만 일방향으로 전달하기 때문에 공감이나 설득과 거리가 멉니다. "그런 것이 인생이다"라며 독자를 가르치려 들기보다는 독자에게 정보를 충분히 제공하겠다는 태도를 지니세요. 독자가 잘 판단하도록 도와주세요.

적절한 예시로
설득력을 높이자

　좋은 글은 판단과 결과만 일방적으로 전달하지 않고, 근거와 과정까지 전달하려고 하는 글입니다. 그래서 좋은 글에는 좋은 예가 담겨 있기 마련입니다. 설명을 하거나 주장을 펼치면서, 그 설명에 꼭 맞는 예를 들거나 주장을 입증하는 실천 사례를 제시하면 독자를 이해시키기 쉬워집니다. 예시는 힘이 아주 세지요. 예시가 있고 없고에 따라 어떤 차이가 나는지, 다음 두 문장을 비교해 보세요.

예가 빠진 설명	예가 들어간 설명
내 짝은 공부를 잘한다. 정리를 잘해서 어려운 개념도 쉽게 설명해 준다.	『윤리와 사상』 시간에 '교조주의'라는 걸 배웠는데 잘 이해하지 못해서 짝에게 물어보았다. 그러자 "곧이곧대로 하는 거야"라고 설명해 주었다.

　판단 근거를 충실하게 제공하려는 이들은 '예를 들면' 또는 '예컨대'라는 구절과 매우 친합니다. 주장을 뒷받침하는 사례를 찾기란

번거롭고 힘든 일이지만, 글의 설득력을 높이기 위해 기꺼이 그 수고를 감수하지요. 독자를 위해 꼭 해야 하는 작업이기 때문입니다.

'예컨대'나 '가령'은 모두 예를 들 때 사용하는 말인데, "예컨대 1783년에는 아이슬란드의 라키 화산이 폭발했다"처럼 실제 사례를 들 때 '예컨대'를 주로 쓰고, "가령 해수면이 1미터 상승하면 몰디브는 지구에서 사라진다"처럼 실제와 다른 상황을 가정할 때 '가령'을 주로 씁니다. '예컨대'를 쓸 자리에 '가령'이라고 잘못 쓰는 것은 단순한 실수일 수 있으니 너무 엄격하게 따지지는 않아도 될지 모릅니다. 그러나 실제 예가 있는데도 '가령'에 의존하는 건 좋지 않습니다. 조사하여 실제 예를 충분히 찾을 수 있는데도 가상으로 예를 지어내는 건 게으른 태도입니다. "가령 어떤 나라에서 모든 국민에게 월 100만 원씩 생활비를 지급한다고 해 보자"라고 쓰기보다는 그런 예가 있는지 먼저 조사해 보고 "예컨대 핀란드 정부는 모든 국민에게 월 100만 원씩 생활비를 지급하는 방안을 추진 중인데…"라고 쓰면 글의 설득력이 더 높아지지요. 이야기를 지어내기에 앞서 실제 벌어진 이야기가 없는지 찾아보는 것이 더 좋은 태도입니다.

좋은 글이란 독자에게 유익한 글입니다. 어떤 글이 더 유익할까요? 독자가 올바로 판단하도록 도와주는 글이 유익한 글입니다. 똑같은 내용을 다루었으나 정보를 다루는 태도는 전혀 다른 두 기사가 있습니다. 이 둘을 비교해 보겠습니다. 잉글랜드 프리미어리그 축구팀인 아스널은 2015년 UEFA 챔피언스리그 16강 1차전에서 프랑스 리그1 축구팀인 AS 모나코에게 1:3으로 졌습니다. 아래 두 글은 2차전을 앞두고 두 기자가 각기 작성한 기사의 일부입니다.

추측에 의존해 쓴 기사	자료를 조사하고 쓴 기사
1차전 홈에서 3골을 내주고 결과를 뒤집은 전례는 거의 없다.	유러피언 컵에서 1992년 UEFA 챔피언스리그로 명칭을 변경한 이래로 1차전 홈에서 2골 차로 패한 팀이 2차전 원정에서 뒤집은 예는 한 번도 없다.

　밑줄 친 부분에서 기사의 수준 차이가 보이나요? 왼쪽 기사의 작성자가 막연한 추측에 의존해 글을 쓴 반면, 오른쪽 기사의 작성자는 첫 경기에 2골 차로 패하고서 그다음 경기에 결과를 뒤집은 실제 예가 있는지 예전 자료를 충분히 검토한 다음 글을 썼지요. 성실한 사람들은 섣불리 추측하지 않고, 조사하고 검증한 다음 쓰려고 노력합니다. 우리도 그런 태도를 닮아야 합니다.

　좋은 글은 아직 일어나지 않은 일을 예측하기에 앞서 과거에 일어난 일을 먼저 살펴봅니다. 즉, 기존의 예를 충실히 검토하지요. 주장의 설득력을 높이는 근거는 미래가 아닌 과거 속에 더 많기 때문입니다. 그래서 다짐이나 바람처럼 일어났으면 하는 마음을 표현할 때도 실제 예로 그것을 표현하려고 애씁니다. '~해야겠다'라든지 '~하고 싶다'보다는 '~했다'나 '~한다'가 더 효과가 좋거든요. 독자를 설득하는 힘은 이론보다는 실천에 더 많이 깃들어 있다는 점을 명심합시다.

실천이 빠진 표현	실천 사례가 담긴 표현
사랑하는 가족에게 오랜만에 편지를 써 봐야겠다.	오랜만에 아빠에게 편지를 썼다. 아빠 회사로 보내 본 건 처음이다.

　왼쪽 문장에는 막연한 다짐만 있지만, 오른쪽 문장에는 실천 예가 들어갔습니다. '하고 싶은 일'보다는 '한 일'이 더 좋은 글감입니다. 독자를 설득하는 힘도 거기서 나오지요. 주장하는 바를 여러분이 먼저 솔선수범하여 보여 준다면 독자를 설득하기가 훨씬 쉬워집니다. "종이 편지를 쓰자"라고 권유만 하는 글보다는 "어제 친구에게 엽서를 보냈다"라고 적은 글이 더 설득력이 높지요. "앞으로 틈틈이 인문학 책을 읽어야겠다"라고 쓴 글보다는 "오늘 『소크라테스의 변론』 두 쪽을 읽었다"라고 쓴 글이 더 낫습니다. 다짐이나 바람은 실천이라는 동반자와 만날 때 더 값진 글감으로 바뀐다는 점을 기억합시다.

바람	실천
돈을 많이 벌어 가난한 아프리카 어린이들을 돕고 싶다.	오늘 유니세프에 5천 원을 기부했다.

　아프리카 어린이들을 향한 연민을 표현하는 건 아름다운 일입니다. 그런데 여기에 실천 경험까지 덧붙이면 더 훌륭한 글이 만들어

질 겁니다. 바람은 누구나 표현할 수 있지만 실천은 아무나 표현할 수 없으니까요. 실천은 생각보다 어렵습니다. 그래서 더 가치 있지요. 독자는 마음이 아닌 몸으로 쓴 글을 읽고 더 감동한다는 점을 기억해 둡시다.

오늘 유니세프에 5천 원을 기부했다. 지금은 이것밖에 못 하지만 나중에 돈을 많이 벌어 더 많은 아프리카 어린이들을 돕고 싶다.

생각을 표현하는 데 그치지 않고 실천까지 반영할 때 글의 가치가 더 높아진다는 점을 잊으면 안 됩니다. 환경을 보존하자는 글이 높은 가치를 지니려면 환경을 보존하려는 글쓴이의 노력이 담겨야 합니다. 지구 온난화는 논술 시험에 단골로 등장하는 주제인데요, 많은 학생들이 온실 효과의 주범인 이산화탄소 배출을 줄여야 하며 일회용품 사용을 자제해야 한다는 식으로 글을 씁니다. 어느 고등학생이 쓴 다음 문장을 살펴보죠.

일회용 종이컵 대신 텀블러를 쓴 지 두 달이 됐다.

이 문장은 일회용품 사용을 줄이자는 주장에 설득력을 불어넣습니다. 일회용품을 쓰지 말자는 말은 누구나 할 수 있지만, 직접 실천하는 일은 아무나 할 수 없기 때문입니다. 실천은 이론보다 힘이 셉니다. 이 학생이 6개월 정도 꾸준히 텀블러를 쓴다면 설득력은 더 커질 겁니다. 설득력은 실천 기간에 비례하는 법이거든요. 이 학생이 나중에 환경 분야 학과에 지원하면서 자기소개서에 "텀블러를 쓴 지 3년째다"라는 구절을 적는다면 더 좋은 평가를 받게 되지 않을까요? 구체적인 실천 사례 하나가 학생의 건전한 세계관을 대변해 주고, 학생의 그런 태도는 중요한 평가 근거가 되기 때문입니다.

주장하는 내용을 입증하는 가장 적합한 예를 찾다가 자신이 직접 나선 경우도 있습니다. 미국 기억력 경진 대회를 취재하던 기자 조슈아 포어는 우승자들이 발휘하는 놀라운 암기력의 비결을 밝히려고 여러 사람들을 인터뷰하다가, 후천적으로 노력하여 얼마든지 기억력을 향상시킬 수 있다는 결론을 얻었습니다. 그리고 그 주장을 입증하려고 미국 기억력 경진 대회에 직접 참가하기로 결정하고, 부단히 노력한 끝에 우승까지 거머쥡니다. 이보다 효과 좋은 설득 방식이 어디 있을까요.

지금까지 살펴본 표현법에는 공통점이 있습니다. 눈에 보이는 구체적인 것으로 눈에 보이지 않는 보편적인 내용을 표현했다는 점이지요. 구체로 보편을 표현하기, 이것은 모든 표현법의 공통 원칙입니다. 첫 번째 원칙 '구체적으로 쓰자'에서 언급한 민속촌 초등학생과 피자 중학생의 글 역시 그 원칙을 잘 지켰습니다. 이 텀블러 고등학생의 글도 마찬가지이고요. 얼핏 사소해 보일지도 모르는 작은 경험을 구체적으로 파고들었기에 보편적인 감정과 개념을 잘 표현할 수 있었습니다. '스테이플러 침이 박힌 유인물'로 생명 존중이라는 메시지를 전달했고, '피자 토핑'을 묘사함으로써 인내나 겸손 같은 삶의 지혜를 보여 주었으며, '텀블러 쓰기'로 환경 보존을 주장했습니다. 우리도 한번 그렇게 표현해 보면 어떨까요.

뭔가 쓰고 싶은 내용이 떠오르면, 그 내용을 직접 실천해 본 사람들이 있는지 먼저 찾아보세요. 아니면 여러분이 직접 해 볼 수는 없는지 한번 생각해 보세요. 그러면 글쓰기를 대하는 태도가 많이 달라질 겁니다.

표현력을 높이는 5가지 원칙

딱 맞는 비유로 공감을 얻어 내자

구체적으로 표현하는 법을 충분히 연습했다면, 이제 조금 더 섬세한 표현법을 익혀 봅시다. 우리가 평소에 자주 사용하는 표현법인 '비유'는 공감대를 넓히기에 좋은 방법입니다. 비유는 어떤 개념을 전달하려고 다른 어떤 개념을 가져와서 표현하는 것입니다. 이 두 개념을 원관념과 보조관념이라고 하는데, 두 개념 사이에 연관성이 있어야 하지요. 예컨대 글쓰기는 등산에도 빗댈 수 있고, 축구에도 비유할 수 있습니다. 한 가지 목적을 이루려고 단계별 목표를 설정하고 여러 방향을 모색한다는 점에서 보자면 등산과 비슷하지요. 공격 기술이 아무리 화려해도 수비 실수가 많아지면 좋은 결과를 얻지 못한다는 점에서는 축구 경기와도 비슷합니다. 이렇게 종류가 다른 대상에서 비슷한 속성을 찾아내는 것이 비유입니다.

인생을 항해에 비유한다면, 원관념인 인생을 보조관념인 항해에 빗대 표현하는 것입니다. 인생과 항해는 종류가 다르지만 둘 사이에 연관성을 찾을 수 있습니다. 거친 바다를 헤치고 목적지를 향해

표현력을 높이는 5가지 원칙

가는 모습은 힘든 현실을 극복하며 꿈을 향해 나아가는 인생과 닮았지요.

일상의 의사소통에서부터 철학적 개념에 이르기까지 비유는 곳곳에 스며 있습니다. 우리 관심사가 저마다 달라서 무엇을 어디에 비유해야 하는지 일일이 열거할 수는 없지만, 비유에도 원칙은 있습니다. 첫째로는 경험을 잘 활용하면 참신하고 설득력 높은 비유를 구사할 수 있다는 점이고, 둘째로는 비유에도 일관성이 있어야 한다는 점입니다.

야구를 잘 알고 사랑하는 사람이 어떤 개념을 야구장에서 일어나는 일에 비유하여 설명한다면 꽤 설득력 높은 표현을 쓰겠지요. 그렇지만 야구에 관심도 없고 잘 모르는 사람이 어떤 사건이나 개념을 야구 경기의 한 장면에 비유하면 설득력이 떨어질 겁니다. 똑같은 비유라고 해도 글쓴이의 경험에 따라 표현력과 설득력에 차이가 생깁니다. 자기가 좋아하거나 충분히 아는 대상으로 비유하는 것이 표현력을 높이는 비결입니다. "인생은 피자다"처럼요.

인생을 항해나 마라톤에 빗대는 것은 글을 쓰는 사람의 경험에 따라, 그저 그런 식상한 비유가 되기도 하고 생생한 비유가 되기도 합니다. 달리기를 싫어하는 제가 인생을 마라톤에 빗댄다면 그저 생기를 잃은 맥 빠진 비유가 되겠지만 마라톤 애호가인 소설가 무라카미 하루키가 그렇게 쓰면, 닳고 닳은 마라톤 비유가 생생하게 살아나겠지요.

자기 경험을 보조관념으로 활용하면 비유의 힘이 아주 세집니다.

아무리 사소해 보이는 경험이라도 여러분이 직접 보거나 겪은 것으로 비유하려고 애써 보세요. 물론 우리는 무한한 상상력을 지니고 있기에, 경험하지 않았거나 비현실적인 대상을 놓고서도 신기하고 참신한 비유를 무궁무진하게 만들 수 있지요. 그렇지만 먼저 현실적 소재로 비유하는 연습을 많이 해 두는 것이 상상력을 기르는 올바른 순서 같습니다.

다음 두 문장을 비교해 보세요.

1. 머리를 길게 늘어뜨린 친구의 모습이 구천을 떠도는 귀신 같았다.
2. 머리를 길게 늘어뜨린 친구의 모습이 영화 「링」에서 텔레비전 밖으로 기어 나오던 사다코 같았다.

1번 문장보다는 2번 문장이 조금 더 생생합니다. 1번 문장에는 공유할 수 있는 구체적인 모습이 딱히 없습니다. 모두 같은 모습을 떠올리지는 않을 테니까요. 이에 비해 2번 문장에는 우리가 공유할 수 있는 구체적인 장면이 들어 있습니다. 영화를 본 사람이면 모두 같은 모습을 떠올리겠지요. 그래서 공감을 얻기 좋고 비유의 효과도 조금 더 높습니다. 다음 문장도 비교해 봅시다.

현실성이 적은 비유	현실성이 높은 비유
어릴 적 내 우상이었던 그의 적절한 조언은 천사의 숨결처럼 시원하고 달콤했다.	어릴 적 내 우상이었던 그의 적절한 조언은 고갯마루의 바람처럼 시원하고 달콤했다.

표현력을 높이는 5가지 원칙

문장의 뜻은 비슷합니다. 그렇지만 어감은 두 문장이 미묘하게 다르지요. '천사의 숨결'이 어떤 것인지 구체적으로 설명할 길이 없는 데 비해, '고갯마루의 바람'은 산을 올라 본 사람이면 쉽게 공감할 수 있습니다. 정상이 가까워질 무렵 조금씩 불어오는 그 반가운 바람 말입니다. 왼쪽 문장보다는 오른쪽 문장의 개성이 더 도드라집니다. 현실적인 비유 덕에 표현이 더 생생하지요. 어떤 대상을 다른 대상에 비유할 때 독자로 하여금 공감을 불러일으키려면, 독자와 공유할 수 있는 방법을 궁리해야 합니다. 자기도 알고 상대방도 아는 공통 분모를 먼저 찾아보아야 합니다. 비유도 현실성이 많이 깃들수록 효과가 높아진다는 점을 기억하세요.

저는 글쓰기 강의를 할 때 스페인 축구팀 FC바르셀로나의 주장이었던 중앙수비수 푸욜의 유니폼을 가끔 입고 갑니다. 글쓰기를 공격이 아닌 수비에 비유하기 위해서죠. 스페인 바르셀로나를 여행하면서 FC바르셀로나의 홈 구장인 '캄 누'에 들렀는데, 그때 유니폼 판매대의 반을 차지하고 있던 메시의 유니폼을 사지 않고, 잘 보이지 않는 한쪽 구석에 진열된 중앙수비수 푸욜의 유니폼을 일부러 사 왔습니다. 제게는 글을 쓸 때 화려한 공격보다는 안정된 수비가 더 중요하다는 신념이 있거든요. 강의를 할 때마다 줄기차게 그걸 강조했습니다. (그냥 메시 살걸, 했던 적도 있긴 해요.) 수비수 푸욜의 유니폼이 상징하는 건 실점을 하지 않으려는 수비적인 글쓰기, 즉 오류가 없는 글을 쓰려는 의지와 노력입니다. 어떤 글이 좋은 글

이냐고 물어보면 저는 때로 "나쁘지 않은 글이 좋은 글이죠."라고
대답합니다. 뭔가 근사하고 멋져 보이는 구절이 없더라도, 오류 없
이 주제를 충실히 전달하기만 하면 훌륭한 글이라고 생각하거든요.
제가 강의할 때 수비수 푸욜 유니폼을 입고 가는 건 그런 메시지를
비유적으로 전달하려는 거고요.

수학 박사 최재경은 교육방송 다큐멘터리 「피타고라스 정리의
비밀」에서 시청자들에게 위상 수학과 기하학이라는 어렵고 생소한
수학 개념을 등산이라는 보조관념을 활용해 효과적으로 전달했습
니다.

"산꼭대기를 올라갈 때 우리는 두 가지 문제를 생각할 수 있겠죠. 먼저, 과
연 꼭대기까지 갈 수 있는 길이 있는가, 그리고 갈 수 있다면 가장 짧은 길은
어느 것인가. 그 두 가지 문제입니다. 꼭대기까지 가는 길이 있느냐 하는 게
바로 위상 수학의 문제이고, 얼마나 짧은가 하는 것을 다루는 것이 기하학입
니다."

보이는 것으로 보이지 않는 개념을 표현함으로써, 낯설고 어려운
수학에 독자가 쉽게 접근할 수 있도록 도와주었습니다. 이것이 비
유가 필요한 까닭입니다. 비유는 독자를 개념 세계로 안내하는 초
대장이지요.

비유를 잘 쓰는 첫째 원칙이 생생한 경험을 활용하라는 것이었다
면 비유의 둘째 원칙은 일관성입니다. 주제를 더 잘 표현하려고 비

유를 여러 번 쓸 때가 있는데요, 앞에 나온 비유와 뒤에 나온 비유가 일관되어 있으면 설득력은 더 커지겠지요. 글쓰기에서는 자료와 정보를 잘 간추리는 일이 아주 중요한데, 비유를 사용하여 자료와 정보의 차이를 설명해 보겠습니다.

> 자료가 정육점에서 산 고기에 해당한다면, 정보는 용도에 맞게 잘라 둔 색종이와 같다.

어떤가요, 좀 어색하지요? 고기와 색종이 사이에는 공통점도 없고 연관성도 없기 때문입니다. 첫 구절에서 글쓰기를 먹을거리에 비유했다면 그다음 구절에 등장하는 비유도 먹을거리라는 테두리 안에서 고르는 것이 좋습니다. 이렇게 비유해 보면 어떨까요?

> 자료가 정육점에서 산 고깃덩어리에 해당한다면 정보는 먹기 좋게 잘라 양념에 재워 둔 스테이크용 고기에 해당한다.

자료와 정보를 둘 다 고기에 비유하니까 그 차이점이 독자에게 더 자연스럽게 전달되지요?

한 가지 더 살펴보겠습니다. 김창완이 쓴 수필집 『이제야 보이네』의 첫머리에는 이런 구절이 있습니다.

> 나는 게으른 어부다. (···)

한데 요즘엔 그 짓도 싫증이 났나 보다. 그늘에 앉아 그물코를 손질하고 있다. 그물을 손질하며 꿈꾼다. 커다란 물고기 (…)

이 수필집은 내가 놓쳐 버린 물고기에 관한 이야기들이다.

어부, 그물, 그물코, 물고기는 모두 비슷한 범주로 묶일 수 있는 소재들이지요. 같은 글 안에 비유가 여러 번 나올 때는 이 원칙을 잊으면 안 됩니다. 비유들이 모두 같은 범주에 포함돼야 한다는 점을 말입니다.

범주	비유 소재
요리	레시피, 식재료, 양념, 불 조절…
축구	공격수, 미드필더, 수비수, 골키퍼, 오프사이드, 페널티 킥…
오케스트라	지휘자, 악장, 독주자, 하모니, 불협화음, 조율, 관객…
운전	핸들, 액셀, 브레이크, 깜빡이, 신호등, 유턴, 비보호 좌회전, 과속…
어촌	배, 어부, 그물, 물고기…

글쓰기를 오케스트라에 비유한다면 다음과 같이 하면 됩니다.

글쓰기는 오케스트라 연주처럼 각 구성 요소가 하모니를 이루어야 하는 종합 예술이다. 글쓴이는 여러 문장성분들이 각자 맡은 영역을 충실히 연주할 수 있도록 조율해 주는 <u>지휘자</u>다.

보조관념인 '하모니, 연주, 지휘자'가 모두 '오케스트라'라는 테두리로 묶입니다. 즉 같은 범주에 속하지요. 비유가 두 번 이상 나온다면 이 원칙을 명심합시다. 보조관념의 범주가 같으면 문장 전개도 자연스러워지고 표현력도 풍부해집니다.

범주에 맞게 써서 균형을 맞추자

우리는 표현법을 궁리하다가 자연스럽게 글쓰기의 핵심 개념 중 하나에 도달했습니다. 바로 '범주'입니다. 우리는 인간이라는 범주에 속하기도 하고, 포유류라는 범주에 속하기도 합니다. 저는 번역자라는 범주에 속하기도 하고 작가라는 범주에 속하기도 하지요. 여러분은 아마 학생이라는 범주에도 속하겠고요. 범주는 어떤 사물이나 개념이 속한 상위 분류를 가리키는 말입니다. 만년필은 필기구라는 범주에 속하고 필기구는 문구라는 범주에 속합니다. 범주는 대상을 아우르는 상위 개념이므로 쉽게 말하면 대상들의 공통점이라고 보면 됩니다.

범주 개념을 잘 모르면 뒤죽박죽으로 글을 쓰기 쉽습니다. 범주 개념을 잘 아는 사람들은 일관성 있고 균형 잡힌 글을 쓰지요. 우리가 엄마 친구 아들과 비교당하면 기분이 별로 좋지 않을 텐데요, 그건 우리 탓이 아니라 조건이 달라서 애초에 비교할 수 없는데도 비교한 엄마 잘못입니다. 비교하면 안 되는데 비교하는 것을 '범주 오

표현력을 높이는 5가지 원칙

류'라고 부릅니다. "게임 할 시간 있으면 공부나 해라" 같은 말이 바로 범주 오류이지요. 게임을 한다고 공부를 못 하는 것도 아니고, 게임을 안 한다고 공부를 잘하는 것도 아니니까요. 둘은 분야가 너무 달라서 비교하기가 곤란합니다.

범주에 관한 퀴즈를 하나 풀어 봅시다. 아래 여러 질문에 대한 답은 모두 같습니다. 답을 맞혀 보세요.

일본에 있지만 중국에는 없는 것은?

베이징에 있지만 도쿄에는 없는 것은?

삼겹살에 있지만 목살에는 없는 것은?

사이다에 있지만 콜라에는 없는 것은?

아사다 마오에게 있지만 김연아에게는 없는 것은?

탕수육에 있지만 양장피에는 없는 것은?

일본에는 '일'이 들어 있고 베이징에는 '이'가, 삼겹살에는 '삼'이 있습니다. 사이다에는 '사'와 '이'가 있고 아사다 마오에게는 '사'와 '오'가 있습니다. 탕수육에는 '육'이 있네요. 왼쪽 단어에는 모두 수를 가리키는 글자가 들어 있는데 오른쪽 단어에는 숫자가 없습니다. 답은 숫자입니다. 그런데 이 퀴즈의 묘미는 답을 맞히는 데 있는 게 아닙니다. 비교가 적절한지 부적절한지 살펴보는 것이 이 퀴즈의 묘미이므로 답보다는 문제 자체가 중요합니다. 문제를 이렇게 바꿔 보겠습니다.

아사다 마오에게는 있는데 손연재에게는 없는 것은?

이래도 답은 똑같지만 김연아와 비교할 때보다 흥미가 조금 떨어지네요. 엄마 친구 아들한테 비교당하는 것은, 나는 리듬체조 선수인데 피겨스케이팅 선수와 비교당하는 것이나 마찬가지겠지요. "연재야, 옆집 연아는 그렇게 잘하는데 너는 왜 그것밖에 못 하니?"라고 비교해선 안 되는 겁니다. 그런 비교는 설득력이 떨어집니다. 공통점이 충분해야 비교의 효과도 생기기 때문입니다. 비슷한 점이 많은 것끼리 비교한 것들과 비슷한 점이 적은 것끼리 비교한 것들을 견주어 보겠습니다.

비슷한 점이 많은 비교		비슷한 점이 적은 비교	
일본	중국	일본	터키
베이징	도쿄	베이징	파리
삼겹살	목살	삼겹살	안창살
사이다	콜라	사이다	우유
아사다 마오	김연아	아사다 마오	손연재
탕수육	양장피	탕수육	스파게티

공통점이 많은 비교가 표현법으로서 가치도 높습니다. 사이다와 콜라를 비교하는 것이 자연스러운 까닭은 탄산음료라는 뚜렷한 공통점이 있기 때문입니다. 사이다와 우유에는 음료라는 공통점이 있

기는 하지만 그 범위가 너무 넓어서 비교로서 흥미가 떨어지지요. 탕수육과 양장피는 비교 가능하지만 탕수육과 스파게티를 비교하는 건 재미가 없습니다. 삼겹살은 돼지고기 부위인데 안창살은 소고기이니 목살보다는 공통점이 적지요.

비교 대상 1	공통점(범주)	비교 대상 2
일본	동북아시아 국가	중국
베이징	동북아시아 도시(수도)	도쿄
삼겹살	돼지고기	목살
사이다	탄산음료	콜라
아사다 마오	피겨스케이팅 선수(라이벌)	김연아
탕수육	중국요리	양장피

누군가 "그런 시간 때우기 영화를 보느니 차라리 책을 한 권 사 보겠다"라고 말한다면 범주 오류, 즉 잘못된 비교를 사용하고 있는 겁니다. 왜냐하면 책은 영화와는 종류가 다르기 때문이지요. 종류가 다른 것을 억지로 비교하면 표현력이 떨어집니다. 이 범주 오류에는 영화 감상보다 책 읽기가 무조건 더 좋다는 편견이 숨어 있는지도 모릅니다. 그렇지만 영화 중에도 얼마든지 좋은 작품들이 있고, 책 중에도 형편없는 것들이 무척 많으니 범주가 다른 대상을 비교하며 좋고 나쁨을 판단하는 일은 무척 조심해야 합니다. '시간 때우기 영화'와 굳이 비교를 하려면 시간이 아깝지 않은 좋은 영화를 선별하여 비교하는 것이 적절하겠지요. 그러면 독자를 설득하는 힘

이 생깁니다. 독서의 중요성을 강조하려면 좋은 책과 나쁜 책을 구별하여 비교하는 것이 좋습니다.

이세돌 9단과 알파고를 비교하는 글들이 단편적인 정보 나열에 그치는 것은 그 둘이 비교 대상으로 부적절하기 때문입니다. 같은 범주, 같은 종류끼리 비교해야 범주 오류를 피할 수 있습니다. 책은 책끼리, 영화는 영화끼리 비교해야 합니다. 티라노사우루스와 스테고사우루스를 비교할 순 있어도, 스테고사우루스와 매머드를 비교해선 안 되지요. '엄친아 1호'와 비교 가능한 것은 '엄친아 2호'가 아닐까요? 물론 그마저도 장담은 못 합니다. 둘 사이의 유사성을 판단할 근거가 너무 부족하니까요.

해마다 2월 14일이 되면 인터넷에는 밸런타인데이에 관한 이야기뿐 아니라 안중근 의사 이야기도 많이 올라옵니다. 2월 14일은 안중근 의사가 사형 선고를 받은 날이기 때문입니다. 초콜릿만 주고받을 게 아니라 안중근 의사의 희생정신을 되새기자며 권유하는 글이 많지요. 추모는 사형 선고일인 2월 14일이 아니라 순국일인 3월 26일에 하는 것이 더 자연스럽지만 안중근 의사의 정신을 한 번 더 되새기는 일이 나쁠 리는 없겠습니다. 그런데 밸런타인데이와 안중근 의사의 사형 선고일을 비교한 글은 별로 설득력이 없습니다. 적절한 비교 조건을 갖추지 못했으니까요. 둘 사이의 간격이 너무 멀어서 공통점이 거의 없거든요. '오늘은 연인들끼리 초콜릿 따위나 주고받는 날이 아니라 안중근 의사의 정신을 기려야 할 날'이라는 꾸짖음이 공허하게 들리는 것은 그 때문입니다. 공통점을 풍부하게 지닌 두 대상을 견줄 때 더 수준 높은 비교가 가능합니다. 공통점이 적은 것들을 함부로 비교하면 안 됩니다.

우리가 다른 사람과 의사소통을 하고 인간관계를 맺을 때 공통점을 알고 나서 차이를 보는 것과, 공통점을 모르고서 차이만 보는 것은 무척 다른 결과를 낳을 겁니다. 자신과 타인의 공통점을 먼저 찾아보려고 노력하는 사람들이 많아질수록 그 공동체는 더 아름다워지겠지요. 서로 다른 점만 보려고 하는 사람들이 많아질수록 그 사회는 더 야박해질 테고요. 공통점 찾기를 먼저 하고 차이점 찾기를 그다음에 하는 것이 올바른 순서 같습니다. 우리가 지향하는 목표인 공감대 형성은 결국 자신과 타인 사이에서 공통점을 찾는 작업이기 때문입니다.

비교의 일종인 대조는 공통점을 충분히 파악한 다음에 차이점을 보여 주는 표현법입니다. 공통점을 잘 알아야 차이점도 잘 파악할 수 있습니다. 예를 한 가지 들어 보지요. 인권 운동가 마틴 루서 킹 2세와 맬컴 엑스는 전혀 다른 방식으로 흑백 차별 철폐를 위해 싸웠습니다. 마틴 루서 킹 2세가 백인들과 함께 어울려 사는 '꿈'을 역설하며 평화 시위를 주장한 반면, 맬컴 엑스는 백인들이 초래한 '악몽'을 역설하며 힘으로 맞서 싸우자고 주장했지요. 그렇다 해도 이 둘은 인권과 자유라는 가치를 한결같이 추구했다는 점에서 공통점이 훨씬 많습니다. 공통점이 풍부하기에 둘의 차이점을 밝히는 일도 가치가 있게 되지요. 이 둘을 비교한 평전이 『맬컴 X vs. 마틴 루터 킹』인데요, 이 둘은 비교할 점이 무척 많습니다. 범주가 같기 때문입니다.

대조할 것들 역시 비교처럼 늘 같은 범주라는 공통점을 지니고 있어야 합니다. 비교할 때는 항상 공통점을 먼저 밝히고, 대조할 때는 공통 범주 아래에서 차이를 보여 주어야 표현력도 강해진다는 점을 명심하세요.

「인터스텔라」가 시공간을 가로지르는 새로운 차원을 다룬 영화라면 「그래비티」는 철저히 현실의 시공간을 다룬 영화입니다. 「인터스텔라」가 새로운 터전을 찾는 영화라면 「그래비티」는 원래 터전을 재확인하는 영화이지요. 두 영화의 다른 점을 견주는 것이 흥미로운 이유는 여러 소재와 배경에 공통점이 많기 때문입니다. 그런데 우주라는 같은 소재를 다루었다 해도 「스타워즈」와 「그래비티」를 비교하는 건 부적절합니다. 「스타워즈」는 기상천외한 재미를 추구하는 반면 「그래비티」는 실제 있을 법한 일을 묘사하기 때문입니다. 공통점보다 차이점이 너무 많고 제작 의도도 아예 다르기 때문에 둘을 비교하기는 조금 어렵지요.

우리가 대구법이라고 부르는 표현들에도 범주 원칙이 숨어 있습니다. 다음 문장을 봅시다.

주장을 펼치는 건 <u>누구나</u> 할 수 있지만, 근거를 대는 건 <u>아무나</u> 할 수 없다.

'주장'과 '근거'가 대구를 이루고, '누구나'와 '아무나'가 대구를 이루고 있습니다. 짝을 이루는 말들이 같은 범주에 속하지요. 주장

표현력을 높이는 5가지 원칙

과 근거는 둘 다 글쓰기의 구성 요소이고, 누구나와 아무나는 둘 다 불특정 다수를 가리키는 명칭입니다. 예를 하나 더 보겠습니다.

기부는 <u>수능</u>이 아니라 <u>검정고시</u>다. 그렇기 때문에 기부는 <u>상대평가</u>가 아니라 <u>절대평가</u>에 가깝다.

이게 무슨 뜻일까요? 다른 사람 눈치 보며 경쟁하듯 기부하지 말고, 소신껏 자기가 알아서 기부하자는 뜻입니다. 앞 구절과 뒤 구절이 적절하게 대구를 이루고 있는데요, '수능'과 '검정고시'가 '대입 평가 시험'이라는 같은 범주에 속하고, '상대평가'와 '절대평가'가 '평가 방식'이라는 같은 범주에 속해 있지요.

다음 문장 역시 대구법으로 쓰였습니다. 괄호 안에 어떤 단어가 들어가야 짝이 맞을지 생각해 보세요.

<u>고대</u>의 <u>공간</u>인 아테네에는 (　　)의 (　　)이 흐르고 있습니다.

조금 어렵지만 한번 고민을 해 보지요. 첫째 괄호 안에는 '현대'나 '근대'가 들어가면 자연스러울 것 같습니다. 그래야 '고대'와 짝을 이룰 수 있으니까요. 둘째 괄호 안에는 '시간'이 들어가면 좋겠네요. 그래야 '공간'과 짝을 맞출 수 있지요. 알맞은 짝을 찾는다는 건 범주 개념을 잘 파악했다는 말입니다. 범주 개념을 잘 알면 균형 잡힌 표현을 구사할 수 있습니다.

대구에 대해 좀 더 살펴보지요. 다음은 영화 잡지 『씨네21』의 기사 일부입니다. 영국 영화 제작자들을 영화에 비유하고 있습니다.

팀 비반과 에릭 펠너가 영국 영화에 우뚝 선 두 개의 탑이라면, 리처드 커티스는 영국 영화 산업이 보유한 마법사의 돌이다.

— 김혜리, 「로맨틱 코미디의 명가 워킹타이틀」

이 문장에서는 '두 개의 탑'과 '마법사의 돌'이 대구를 이룹니다. 판타지영화를 좋아하는 관객이라면 「반지의 제왕: 두 개의 탑」과 「해리 포터와 마법사의 돌」을 금세 떠올릴 겁니다. 왜 영화의 다른 장르들도 많은데 왜 군이 판타지영화로 범주를 한정하여 비유했을까요? 그래야 설득력이 더 강해지기 때문이지요.

『올리버 트위스트』로 유명한 영국 작가 찰스 디킨스는 『두 도시 이야기』라는 작품도 썼는데요, 이 작품의 첫 대목이 대구법으로 되어 있습니다. 앞뒤 구절이 어떻게 균형을 맞추는지 살펴봅시다.

최고의 시절이자 최악의 시절,

지혜의 시대이자 어리석음의 시대였다.

믿음의 세기이자 의심의 세기였으며,

빛의 계절이자 어둠의 계절이었다.

희망의 봄이자 절망의 겨울이었다.

우리 앞에는 모든 것이 있었지만 한편으로 아무것도 없었다.

앞 구절과 뒤 구절이 같은 범주 안에서 대구를 이룬다는 점을 확인할 수 있습니다. '최고/최악', '지혜/어리석음', '믿음/의심', '빛/어둠', '희망/절망', '모든 것/아무것' 등이 같은 범주 아래에서 선명한 대비를 이루지요.

범주 개념이 확실한 사람은 점층법도 능숙하게 구사합니다. 점층법은 범주 개념을 활용하여 뒤로 갈수록 의미가 깊어지거나 넓어지도록 표현하는 세련된 방법입니다. 1969년 7월 20일, 아폴로11호가 달에 착륙했습니다. 인류 최초로 달에 발을 디딘 닐 암스트롱은 이렇게 말했습니다.

한 인간에게는 작은 발걸음이지만, 인류에게는 커다란 도약입니다.

앞 문장이 뒤 문장과 긴밀하게 연관돼 있습니다. '인간'과 '인류'가 같은 범주이고, '작은 발걸음'과 '커다란 도약'이 같은 범주이지요. 이렇게 앞과 뒤가 대구를 이루면 같은 범주 안에서 의미가 깊어지거나 넓어집니다. 점층법은 범주를 잘 지킬 때 가장 효과가 좋다는 것을 기억합시다.

독자를
뚜렷이 정하자

    지금까지 다룬 표현력을 높이는 방법들을 두루 잘 활용하려면, 독자를 뚜렷하게 설정하는 일이 중요합니다. 그것이 표현력을 높이는 마지막 원칙이죠. 말을 하거나 글을 쓸 때 독자를 뚜렷하게 정한 다음, 읽는 이의 처지나 심정을 고려하면 조금 더 효과적으로 표현을 고를 수 있거든요. 성실하게 말하고 쓰는 사람은 언제나 독자가 더 잘 판단할 수 있도록 표현을 신중하게 선택합니다.

    친구한테서 문자 메시지가 왔습니다. "이따 7시에 아파트 입구에서 만나" 친구와 내가 만약 다른 아파트에 산다면 이 문자 메시지는 좋은 표현이라고 보기 어렵습니다. 의미 혼란을 일으키기 때문이지요. 우리 아파트 입구인지 친구네 아파트 입구인지 알 수 없으니까요. 메시지를 읽을 상대편의 관점에서 한 번만 생각해 보면 조금 더 낫게 표현할 수 있겠지요. 약속 시간이 한참 지났는데도 만나기로 한 친구가 감감무소식입니다. 친구에게 전화로 물어봅니다. "지금 어디야?" 그러자 친구가 대답합니다. "어, 거의 다 왔어." 그러고는

표현력을 높이는 5가지 원칙

30분을 더 늦습니다. 친구의 표현 방법이 좋지 않았습니다. 판단에 도움이 될 만한 정보를 주지 않았기 때문에, 얼마나 더 기다려야 할지 어디서 기다려야 할지 전혀 결정할 수가 없었거든요.

아마도 약속 시간을 어긴 친구는 미안해서 거의 다 온 것처럼 말했는지도 모릅니다. 이렇게 얼버무리는 경우는 참 많지요. 그렇지만 잘못을 알았을 때 미안하다며 상황을 감추기보다는 솔직하게 그 상황을 알리는 편이 여러모로 유익할 겁니다. 상대편과 정보를 공유하면 상황이 더 나빠지는 것을 막을 수 있기 때문이지요.

"지금 시청 앞을 지나고 있어, 늦어서 미안해."가 더 나은 표현일 겁니다. 듣는 이가 현재 상황을 판단할 수 있는 정보가 담겨 있으니까요. 가령 '시청 앞에서 여기까지 거리는 가까워도 버스가 늘 막히니까 적어도 30분은 더 걸리겠구나' 하고 추측할 수 있잖아요. 말이든 글이든 표현력을 높이는 방법은 같습니다. 상대편이 더 잘 판단할 수 있도록 도와주면 되지요.

저는 학원에서 몇 년간 논술을 가르쳤습니다. 학원이 다른 곳으로 이전을 한 적이 있는데요, 바뀐 학원 위치를 홈페이지에도 올리고 수강생들에게 문자 메시지로도 미리 안내했습니다. 그런데도 논술 수업을 듣던 한 여학생이 바뀐 곳을 찾지 못하고 제게 전화를 하더군요. 다시 성심껏 설명했습니다. "15단지 앞 길가에 육교 있잖아. 거기서 파주 탄현 방면 표지판을 바라봐. 그리고 2시 방향으로 몸을 틀어. 전방 45도쯤 위로 뉴효성컴퓨터학원이 보일 거야. 그 건물 3층이야." 참 구체적이고 친절한 설명 아닙니까? 역시 훌륭한 글쓰기 선생입니다.

10분 후에 다시 전화가 왔습니다. 여전히 헤매고 있다는 이 학생에게 더 친절하게 설명할 방법이 딱히 떠오르지 않아서, 교실 앞줄에 앉은 다른 여학생한테 대신 설명 좀 해 주라며 전화기를 건넸습니다. 그러자 딱 한마디로 상황이 종료되더군요. "올리브떡볶이 3층이야."

독자와 공감하려는 태도는 기본 중의 기본인데 글쓰기 선생인 제가 그때는 그걸 미처 몰랐던 겁니다. 제 설명은 그 학생에게 길을 찾는 데 별로 도움이 안 됐습니다. 앞줄 여학생의 설명은 그 학생이 길을 찾는 데 훌륭한 기준이 되었고요. 제 문장은 표현력이 약했지만 앞줄 여학생의 문장은 표현력이 강했습니다. 둘 사이의 차이가 뭘까요? 독자가 상황을 잘 판단할 수 있도록 적절한 예를 제공했다는 점입니다.

몇 가지 비슷한 예를 더 보겠습니다. 한국방송 프로그램인 「다큐멘터리 3일」에서 서울 명동의 이슬람 사원을 취재한 적이 있는데, 한국인으로 귀화한 후세인 씨는 한국인들이 잘못 알고 있는 이슬람 용어 중에 '알라신'이 있다고 말했습니다. 후세인 씨는 이렇게 설명했지요. "초가집, 역전앞이 동어 반복이잖아요. 알라신도 마찬가지예요. '알라'가 신이라는 말이거든요." 굳이 기억하려고 하지 않았는데도 몇 년이 지난 지금까지 그 말이 생생하게 기억납니다. 한국인 시청자들을 고려한 '초가집'과 '역전앞'이라는 적절한 예시 덕분일 겁니다.

표현력을 높이는 5가지 원칙

애니메이션 「이웃집 토토로」에는 꼬마 메이가 언니 사츠키를 쫓아가면서 "맛테!"(기다려) 하고 소리를 지르는 장면이 나오는데요, 한글 자막에는 "같이 가!"라고 적혀 있더군요. 한국적 상황에서는 그게 더 자연스러운 표현이었지요. 이렇게 번역에서는 특히 독자를 고려하는 글쓰기가 중요합니다. 영미권 영화를 보다 보면 "Wow!"라는 감탄사를 종종 듣게 되는데, 한국어 자막에는 "와우!"가 아니라 "우와!"로 나옵니다. 한국인들은 '와우'보다는 '우와'에 더 친숙하기 때문이지요. 좋은 표현을 쓰고자 노력하면 다른 사람들이 쓰는 좋은 표현도 더 잘 보입니다. 아는 만큼 보이는 법이고, 더 잘 보려고 노력할수록 관찰력도 섬세해집니다.

방송 뉴스에서 앵커가 산불 소식을 전하며 "오늘 임야 100헥타르가 불에 탔습니다"라고 말한 다음에 "1헥타르는 월드컵 경기장 하나 넓이 정도 됩니다"라는 설명을 덧붙였습니다. 일반 시청자들은 헥타르를 몰라도 축구장은 잘 알기 때문에 100헥타르가 불에 탄 사실을 축구장 100개와 맞먹는 땅이 불에 탔다고 이해하겠지요. 뉴스 앵커의 설명은 헥타르라는 보이지 않는 개념을 축구장이라는 보이는 대상으로 잘 표현했습니다. 역지사지, 즉 독자와 처지를 바꿔 보는 태도까지 잘 보여 주었고요. 독자와 처지를 바꿔 보면 독자에게 알맞은 비유 방법도 쉽게 찾을 수 있습니다.

영화 「일 포스티노」는 칠레의 시인 파블로 네루다와 섬마을 우편배달부의 우정을 다루었습니다. 우편배달부가 시인에게 시를 배우는 장면이 나오는데, 네루다는 시에 관해 잘 모르는 우편배달부의 처지에 서서 알기 쉽게 시를 가르쳐 주지요.

"선생님, 은유가 뭐죠?"
"하늘이 운다, 이게 무슨 뜻인가?"
"비가 오는 거죠."
"그게 은유네."

"선생님의 시를 읽으니 멀미가 나는 것 같습니다."
"왜 그런가?"
"일렁이는 것 같아요."
"바다처럼?"
"네, 바다처럼요."
"그게 운율이네."

"단어들이 뱃전을 튀어 다니는 것 같았습니다."
"단어들이 뱃전에 튄다… 자네 은유를 썼군."

독자가 뚜렷하면 용어 수준이나 표현 방식 등을 가지런하게 맞출 수 있으므로 글이 일관되고 정연해집니다.

지금까지 표현력을 높이는 다섯 가지 방법에 관해서 배웠습니다. 구체적인 상황으로 자기 감정과 생각을 표현하고, 실천적 사례로 독자를 설득하며, 적절한 비유로 공감대를 넓히되, 범주와 독자를 뚜렷이 정할 것. 이 방법들을 한데 묶으면 '좋은 표현법이란 독자가 잘 판단할 수 있도록 도와주는 기술'이라고 요약할 수 있지요. 독자의 판단에 도움이 되게끔 표현을 다듬다 보면, 자신이 전달하고자 하는 주제와 전달 방법이 더 선명해지므로 자기 글의 장단점이나 한계를 깨닫기 좋습니다. 결국 독자와 소통하기에 앞서 자신과 먼저 대화할 기회를 얻게 되지요. 이렇게 독자를 충실히 배려하려고 애쓰다 보면 그 노력은 고스란히 좋은 글을 쓰는 힘으로 되돌아옵니다.

글쓰기는 자전거 타기와 같아서 처음 배울 때는 낯설고 두렵지만, 일단 방법만 알면 아주 쉽고 자연스러운 일이 됩니다. 글감을 찾아내 감정과 생각을 효과적으로 전달하는 건 아무나 할 수 없지만, 그렇다고 해서 특별한 재능이 필요한 일도 아닙니다. 자전거 타기와 똑같지요. 자전거를 배우는 데는 특별한 재능이 필요치 않아서, 몇 번 넘어질 각오만 하면 누구든 배울 수 있습니다. 자전거 타는 법을 깨닫고 나서 처음으로 거리를 달리던 순간의 뿌듯함과 즐거움을 떠올리며 차근차근 글쓰기 공부를 계속해 봅시다.

“

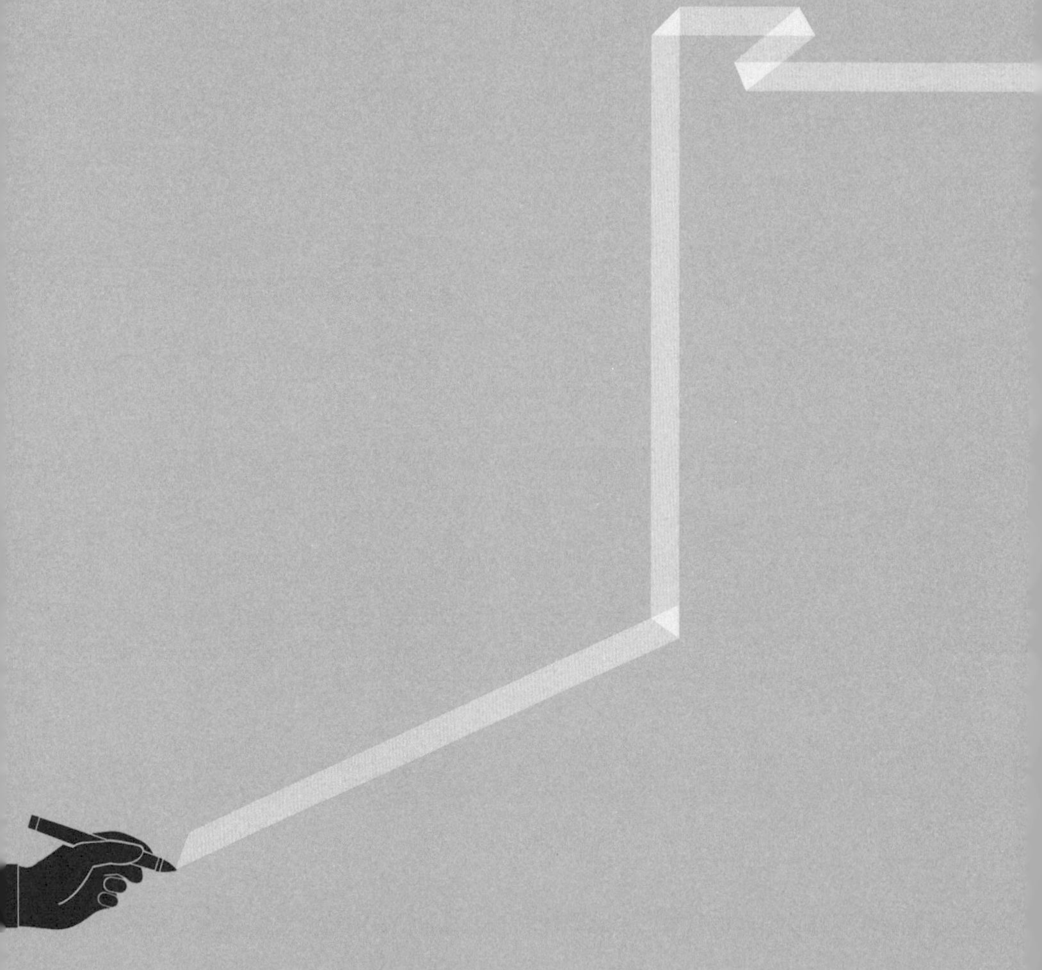

아이디어를
글감으로 발전시키는 방법

    글을 쓰려면 쓸 만한 내용이 있어야 합니다. 글쓰기의 재료들을 글감이라고 부르고, 글감을 찾아내는 일을 구상이라고 부릅니다. 좋은 글감이 퍼뜩 떠오를 때도 있지만 그럴 때까지 마냥 기다릴 수는 없겠지요. 구상은 생각이 떠오르기를 막연히 기다리는 것이 아니라 일부러 계속 생각하며 좋은 글감을 찾아보는 작업입니다. 생각을 떠올리는 데도 요령이 있습니다. 달라 보이는 두 대상에서 공통점을 찾는 것, 비슷해 보이는 두 대상에서 차이점을 발견하는 것, 두 대상을 잇는 연관성을 파악하는 것, 이 세 가지 방법을 알면 글감이 무궁무진하게 펼쳐질 겁니다.

공통점 찾기: 낯선 것을
친숙하게 만드는 응용력

어떤 장면을 보면서 '이거 예전에 어디서 본 것 같은데?' 하는 생각이 들 때가 있지요? 이때가 글쓰기의 아이디어가 떠오르는 순간이라고 봐도 좋습니다. 다들 그런 생각을 종종 떠올리지만 그 생각을 붙잡아서 글쓰기로 나아가는 사람은 많지 않지요. 일상에서 떠오른 생각을 어떻게 글감으로 만드는지 예를 들어 보겠습니다.

저는 나무 보는 것을 좋아해서 경기도 포천에 있는 국립수목원에 종종 갑니다. 국립수목원에는 우리나라에 처음 들어온 계수나무, 그러니까 '엄마 계수나무'가 살고 있습니다. 이 나무 옆을 지나가면 달콤한 냄새가 한가득 풍기는데, 솜사탕 냄새랑 아주 비슷합니다. 방금 제가 계수나무 향을 솜사탕으로 설명했지요? 지금껏 제가 맡아 본 것 중에는 솜사탕 냄새가 계수나무 향과 가장 비슷하거든요.

나무 이야기로 비슷한 예를 하나 더 들겠습니다.

크리스마스트리의 꼬마전구를 닮은 산수유나무 열매

아이디어를 글감으로 발전시키는 방법

산수유나무 열매가 어떻게 생겼을지 감이 잡히나요? 아직 자료를 많이 모으지 못해서 글로 쓰진 않았지만 언젠가 계수나무나 산수유와 비슷한 사례가 모이면 수필 한 편을 쓸지도 모르겠습니다.

우리는 뭔가 새로운 정보를 습득할 때 이미 알고 있는 것들을 활용합니다. 낯선 사람의 얼굴을 익힐 때도 자기가 아는 사람과 닮았다면 더 쉽게 기억할 수 있지요. 말을 배울 때나 공부할 때도 마찬가지입니다. '지유'라는 자기 이름을 읽을 줄 알게 된 아이는 '우유'라든지 '지우개' 같은 단어도 금세 익힙니다. 자기가 이미 아는 글자인 '지'와 '유'가 들어가 있으니까요. 생소한 개념을 파악하려면 잘 이해하고 있는 기존 개념을 활용해야 합니다.

자신의 메시지를 더 효과적으로 전달하려고 사용하는 표현법인 비유를 다시 떠올려 보세요. 글쓴이도 알고 독자도 아는 공통 정보를 보조관념으로 활용하는 비유는 생소한 개념을 파악할 때 도움이 됩니다. 고양시에 있는 전시 시설 킨텍스 로비에는 규모를 알려주는 커다란 포스터가 붙어 있습니다. 전시장 넓이가 108,483제곱미터라는 설명이 구석에 적혀 있는데요, 포스터의 대부분은 축구장 15개가 들어간 거대한 경기장 그림이 차지하고 있습니다. 수치로 보았을 때는 쉽게 이해하기 어려웠지만 축구장에 빗대어 상상해 보니 이해하기가 편했습니다. 이 아이디어를 좀 더 발전시켜 볼까요? 넓이 단위 중에 다른 것들을 찾아보는 겁니다. 그중에는 '헥타르'라는 것도 있습니다. 1헥타르는 10,000제곱미터에 해당합니다. 즉 축구장 하나 넓이와 비슷하지요. 이제 글감이 하나 생겼네요. "축구장으로 알아보는 넓이 단위들". 한 가지 공통점을 여기에도 적용해 보고 저기에도 적용해 보세요.

무엇인가 새로운 일을 경험했을 때 '이거 예전에 어디서 해 본 것 같은데?' 하는 생각이 떠오를 때가 있습니다. 이 생각을 붙잡아야 합니다. 연상된 두 경험을 한데 묶어 일기장에 기록해 두면 여러분의 일기는 나날이 발전할 겁니다. 영화를 보면서 '이거 예전에 봤던 장면이랑 비슷하네?' 하는 생각이 떠오를 때도 있지요. 이 생각을 붙잡아서 두 장면을 묶어 두면 나중에 좋은 영화 감상문을 쓸 수 있을 겁니다. 책을 읽다가 '이거 예전에 어디에서 읽은 것 같은데?' 하는 생각이 떠오를 때도 해당 구절을 간추려서 정리해 두면 나중에 독서 감상문을 쓸 때 무척 유용하겠지요. 혹시 예전 것을 찾지 못하면 찾는 과정이라도 꼭 기록해 두세요. 그러면서 다른 좋은 아이디어가 떠오를 수도 있거든요.

어떤 사람이 쓴 글을 읽으면서, '아, 이거 나도 했던 생각인데…' 하며 아쉬워했던 적은 없나요? 글감이 될 만한 아이디어는 누구에게나 비슷하게 떠오르지만 그중 일부만 아이디어를 붙잡아서 글감으로 발전시킵니다. 축구 선수 박지성의 거친 발과 레슬링 선수 김현우의 뭉개진 귀는 서로 모습이 다르지만 둘을 나란히 살펴보면 뭔가 비슷한 느낌이 듭니다. 운동선수들의 피땀 어린 노력이 엿보이지요. 이 둘의 공통점을 파악하고 나면 공통점을 공유하는 또다른 장면도 보일 겁니다. 그러면 글감은 더 풍부해지겠지요.

아이디어를 글감으로 발전시키는 방법

스마트폰 사용자가 많아지면서 인터넷에는 "꼭 깔아야 할 필수 앱 20선" 같은 글이 무척 많아졌습니다. 저는 어떤 글을 읽고 나서 곧바로 추천한 앱을 모두 설치해 보지는 않습니다. 그 대신 비슷한 다른 글을 여러 편 먼저 읽어 봅니다. 그러면 여러 글에서 공통으로 추천하는 앱들이 몇 개 간추려지죠. 이 앱들을 사용해 보면 대체로 만족스럽더군요. 글감도 비슷합니다. 글감에 공통점이 많다는 것은 그만큼 다른 사람들을 설득하는 힘도 크다는 걸 의미합니다.

'스마트폰을 잘 활용하는 방법'에 관해 글을 쓰고 싶은 마음이 들었다고 해 봅시다. 그런데 막상 글로 쓰려면 어디부터 시작해야 할지 엄두가 잘 나지 않지요. 다루어야 할 것들이 너무 많으니까요. 제대로 쓰려면 책 한 권 정도 분량은 필요하겠지요. 그러면 이 생각은 아이디어에 머물다가 사라져 버릴 겁니다. 아이디어를 글감으로 발전시키는 방법이 있습니다. 여러 앱들을 비슷한 종류끼리 묶어 보는 겁니다. 범주를 좁혀서 공통점을 찾아보는 것이지요. 종류별로 나눈 여러 묶음들 가운데서 가장 흥미를 끄는 하나를 고르세요. 스마트폰의 여러 기능 중에서 한 종류만 공략하는 겁니다. 그러면 "필수 사진 앱 5가지"라든지 "추천할 만한 녹음 앱 3가지" 같은 글감이 나오겠지요. 선택한 앱들에는 차이점도 있지만 공통점이 훨씬 많을 테니, 미세한 기능별 차이를 설명하려면 먼저 공통점을 잘 알려 주어야 합니다. 공통적인 필수 기능을 다룬 뒤, 앱마다 다른 독특한 기능을 덧붙여 글을 쓰면 스마트폰 사용자들에게 좋은 정보가 되겠지요.

「하울의 움직이는 성」「센과 치히로의 행방불명」「마녀 배달부 키키」「모노노케 히메」「천공의 성 라퓨타」「바람계곡의 나우시카」「이웃집 토토로」 등은 모두 지브리 스튜디오에서 제작한 애니메이션입니다. 이 영화들에는 공통점이 있습니다. 음식을 맛있게 먹는 장면이 등장하고, 씩씩한 소녀가 주인공이며, 자연을 사랑하자는 메시지가 영화 곳곳에 담겨 있지요. 모두 미야자키 하야오 감독이 만든 작품이라서 그런지도 모르겠습니다. 지브리 영화들을 꿰뚫는 공통 주제에 관해서 많은 사람들이 글을 썼습니다. 같은 창작자가 만든 여러 작품들에서 공통점을 찾아보는 일은 글감을 만드는 아주 좋은 방법입니다. 그 공통점을 달리 표현하면 '작가 정체성'이라고 부를 수도 있겠네요.

시야를 조금 넓히면 역사나 신화에서도 공통점의 실마리를 찾아낼 수 있습니다. 그리스 신화에는 도시 국가인 메가라 인근에 사는 프로크루스테스라는 인물이 등장합니다. 프로크루스테스는 자기 집에 묵는 손님의 방에 한밤중에 몰래 들어가, 침대보다 손님의 키가 크면 머리나 발을 잘라 내고 침대보다 키가 작으면 강제로 늘려서 죽였습니다. 침대와 키가 딱 맞는 사람이 있으면 침대 길이를 마음대로 조절한 다음 죽였다고 하지요. '프로크루스테스의 침대'는 앞뒤 맥락을 자르고 정보를 자기 마음대로 왜곡하는 일을 상징합니다. 어쩌면 우리 안에도, 우리의 카톡 친구들 안에도 프로크루스테스가 살고 있는지도 모릅니다. 들은 이야기를 자기 편한대로 과장하거나 축소하는 경우가 자주 있으니까요. 신문이나 방송에도 사실과 다르게 편집된 기사들이 종종 보도되지요. 예능 프로그램에 출연한 연예인이 자기 의도와 전혀 다르게 방송이 나가서 '악플'에 시달렸다며 억울함을 호소하기도 합니다. 이른바 '악마의 편집'에 희생된 사람들이 얼마나 많은가요.

역사는 반복된다는 말이 있습니다. 역사에서 교훈을 얻으려면 과거에 저지른 잘못을 되풀이하지 말아야 하는데, 인류 역사를 보면 비슷한 비극이 계속 일어나지요. 무고한 사람에게 죄를 뒤집어씌웠던 '마녀사냥'이 한 예입니다. 오늘날 인터넷 공간에서도 마녀사냥과 비슷한 일이 벌어지지요. 이렇게 시대와 상황이 달라도 비슷하게 반복되는 일들은 글쓰기의 단골 글감입니다. 우리 주변에서 흔하게 일어나는 일들에서 공통점을 찾아보려 노력하고, 과거의 경험이나 다른 곳에서 벌어지는 일들에도 관심을 기울이며 공통점을 찾다 보면 세상을 바라보는 안목도 넓어지고 생각도 더 깊어질 겁니다.

차이점 찾기: 익숙함에서 새로움을 찾는 창의력

저는 강아지도 키워 보았고 고양이도 키워 보았습니다. 강아지와 고양이는 둘 다 귀엽고 사랑스럽지만 다른 점이 참 많더군요. 강아지는 사교성이 좋지만 고양이는 새침합니다. 강아지는 사람과 함께 노는 것을 좋아하지만 고양이는 혼자 노는 것을 더 좋아하지요. 강아지는 사람을 주인이라고 생각하지만 고양이는 사람을 시중 들어 주는 집사라고 여기는 것 같고요. 이렇게 둘을 비교하며 다른 점을 살펴보면 참 재미있습니다. 저는 이런 차이를 정리하여 수필을 한 편 쓰기도 했습니다. 동물에 관심이 많은 사람에게는 풍부한 예비 글감이 마련돼 있습니다. 동물과 지내면서 벌어지는 온갖 일이 모두 글감이거든요. 예를 들어 이런 아이디어는 어떤가요?

- 개구쟁이 꼬마 같은 시츄와 말썽꾸러기 소년 같은 비글
- 같은 듯 다른 시베리안 허스키와 알래스칸 말라뮤트
- 조련사에게 배운 물개와 물범 구별법

아이디어를 글감으로 발전시키는 방법

여러분이 좋아하거나 잘 아는 분야의 두 대상을 비교해 보세요. 단, 공통점이 너무 적으면 흥미로운 차이점을 발견하기도 어렵다는 것을 잊으면 안 됩니다. 시츄와 비글, 시베리안 허스키와 알래스칸 말라뮤트, 물개와 물범처럼 비슷한 범주에 속한 대상들을 비교하면서 차이점을 파악하는 것이 중요합니다.

버스와 전철은 우리가 자주 이용하는 대중교통 수단입니다. 버스를 선호하는 사람이 있는가 하면 전철을 선호하는 사람이 있습니다. 저는 바깥 풍경 보기를 즐겨서 버스를 더 좋아하는데요, 어떤 사람은 흔들림이 적은 전철을 더 좋아하더군요. 버스에서는 책을 읽기가 힘들지만 전철은 책 읽기에 편하지요. 한편 전철에서는 소음 때문에 음악을 듣기 힘들지만 버스에서는 음악을 듣기가 좋고요. 버스와 전철에 관해 글을 쓴다면 이렇게 공통점보다는 차이점을 부각하는 편이 더 흥미를 끌 것 같습니다. 물론 버스 여행에 관해서만 글을 써도 좋고, 기차 여행에 관해서만 글을 써도 좋습니다. 그렇지만 버스 여행과 기차 여행의 차이에 관해서 쓰면 어떨까요, 더 흥미롭지 않겠어요? 배를 타고 가는 여행과 비행기를 타고 가는 여행을 비교해도 괜찮겠지요.

독일의 작가 괴테는 1년 반 동안 이탈리아를 여행하고 나서 『이탈리아 기행』을 썼습니다. 독일에서 이탈리아로 가려면 알프스 산맥을 넘어야 하는데요, 괴테는 여기서 이른 아침에 하프를 켜는 소녀를 만납니다. 소녀는 괴테에게 하프를 켜서 고음이 잘 나면 그날 날씨가 맑은 거라고 하면서 오늘이 바로 그런 날이라고 말합니다. 괴테는 소녀가 들려준 이야기를 여행기에 남겼습니다. 이 아이디어를 조금 발전시켜 봅시다. 다른 지역에서는 어떨까요? 저마다 날씨를 예측하는 다른 방법이 있지 않을까요? '날씨 예측'에 관한 이야기들을 찾아내 비교하며 쓰면 재미있지 않을까요?

이처럼 같은 주제를 두고 여러 각도에서 살펴보는 것은 창의력을 계발하는 좋은 방법입니다. 예컨대 논술은 같은 주제를 놓고 여러 방식으로 접근하는 방법을 다룹니다. 참신한 대안을 제시하면 더 좋은 평가를 받을 수 있고요. 지금까지 해 오던 대로 반복하기만 하면 아무런 발전이 없을 겁니다.

처음에는 어색하고 낯설던 것도 나중에 시간이 지나서 좋은 평가를 받는 것들이 있지요. 고양이를 좋아하는 어떤 이가 2005년 무렵에 '도둑고양이'라는 말 대신 '길고양이'를 쓰자며 블로그를 비롯한 여러 매체에 글을 기고했습니다. 도둑고양이가 워낙 익숙했기에 처음에는 낯설어하는 사람들이 많았지만 이 주장은 조금씩 호응을 얻기 시작했지요. 10년 정도 지나자 길고양이가 도둑고양이를 거의 대체했습니다. '반려동물'이라는 말도 처음에는 어색해 보였지만 이제는 널리 쓰이면서 '애완동물'이라는 표현을 점점 대체하고 있습니다. '반려동물'은 함께 살아가는 동반자라는 뜻을 지닌 반면, '애완동물'에는 '놀잇감'이라는 뜻이 담겨 있으니 피하는 게 좋겠습니다.

상식을 따르는 것은 중요하지만 그렇다고 상식이 절대적인 것은 아닙니다. 상식은 퇴보할 수도 있고 발전할 수도 있거든요. 우리가 사회의 기존 상식에서 고쳐야 할 점을 지적하고 더 나은 대안을 제시하려고 노력해야 우리 사회도 조금씩 더 나아질 수 있습니다. 길고양이를 제안한 글에서 알 수 있듯 글쓰기는 세상을 더 낫게 바꾸는 일에 동참하는 아주 근사한 작업입니다.

비슷해 보이는 것들의 차이를 정확히 아는 것은 글쓰기의 중요한 조건입니다. 우리가 평소에 사용하는 말과 글에서 뜻의 차이를 잘 구별해 내는 일 역시 아주 중요하지요. '일찍'과 '빨리'는 뜻이 같은 말일까요, 다른 말일까요? 8시까지 집에 놀러 오기로 한 친구가 7시에 도착했다면 "일찍 왔네?"라고 말해야지 "빨리 왔네?"라고 말하면 안 됩니다. '일찍'은 시기가 앞선 것이고, '빨리'는 속도가 높은 것이거든요. '일찍'의 반대말이 '늦게'이고 '빨리'의 반대말이 '느리게'라는 점을 떠올리면 정확히 구별할 수 있지요. '나는 팔목이 가늘다', '허벅지가 굵다'라고 써야 할 곳에 '팔목이 얇다', '허벅지가 두껍다'라고 써도 안 되겠지요. '얇다'나 '두껍다'는 종이나 책처럼 평평한 것을 가리킬 때 쓰는 말이기 때문입니다.

'구별', '구분', '분류', '분석', '분리'는 얼핏 서로 비슷해 보이지만 뜻이 전혀 다른 단어들입니다. 다른 글도 마찬가지이긴 하지만, 특히나 감상문, 보고문, 논술문처럼 개념을 논리적으로 설명해야 하는 글을 쓰려면 이 다섯 단어의 개념 차이를 반드시 알아 두어야 합니다.

용어(개념)	뜻	용례
구별	차이를 아는 것	떡갈나무와 신갈나무를 구별하다.
구분	어떤 기준으로 가름	나무를 목재용과 잡목으로 구분하다.
분류	같은 종류끼리 묶음	떡갈나무와 신갈나무는 참나무로 분류된다.
분석	구성 요소로 쪼개어 봄	떡갈나무의 잎과 잎자루와 열매를 분석했다.
분리	떼어 내거나 나눠짐	떡갈나무 줄기가 반으로 분리됐다.

애매모호했던 개념들의 차이를 구별할 줄 알게 되면 신기하게도 그런 것들이 자주 눈에 띌 겁니다. 아는 만큼 보이기 때문이지요. '다르다'와 '틀리다'의 뜻을 구별할 줄 알면 "그 친구 생각이 저와 많이 틀리더라고요"처럼 다르다고 써야 할 곳에 틀리다고 쓰는 사람들의 말이 매우 거슬릴 겁니다. 그런 것을 기록해 두면 이전보다 훨씬 많은 글감이 눈에 들어옵니다. 예를 들어 분리와 분류의 차이를 구별할 줄 알면, 아파트 단지에 붙어 있는 '쓰레기 분리 수거'라는 문구도 글감이 됩니다. 아파트 단지 주민들이 실시하는 것은 '분리 수거'가 아니라 '분류 배출'입니다. 분리(떼어 냄)와 분류(같은 종류끼리 묶음)의 뜻을 구별하면 제대로 쓸 수 있고, 수거(거두어 감)와 배출(내놓음)의 뜻을 한 번만 새겨도 제대로 쓸 수 있습니다. 엄밀히 따지면 쓰레기도 '재활용품'이라고 고치는 게 낫겠지요. 쓰레기는 더는 쓰지 못하는 물건을 가리키니까요. 이제 "쓰레기 분리 수거가 아니라 재활용품 분류 배출이다"라는 짧은 글 한 편을 쓸 준비가 되었

아이디어를 글감으로 발전시키는 방법

네요. 아이디어는 이런 식으로 발전시키는 겁니다.

미항공우주국(NASA) 우주비행사였던 크리스 해드필드는 테드(TED.com) 강연 "우주 공간에서 앞이 안 보일 때 깨달은 점"에서 '공포'와 '위험'의 차이를 잘 구별해야 한다고 강조합니다. 해드필드는 우주 공간에서 임무를 수행하다가 갑자기 시각에 이상이 생겨 아무것도 보이지 않은 적이 있습니다. 눈 앞이 캄캄해지자 공포에 사로잡혔지요. 그렇지만 지상에서 수없이 연습했던 상황이라서 곧 평정심을 되찾고서 통신 장비로 기지에 자신의 상황을 보고했습니다. 위험한 상황은 아니라는 결론이 나왔고, 해드필드는 공포에서 바로 벗어났습니다. 공포스럽다고 하여 그게 다 위험한 상황은 아닌 겁니다. 그런데 많은 사람들이 공포와 위험을 비슷한 개념이라고 여깁니다. 실제로는 위험하지 않은데 낯선 것을 맞닥뜨리면 겁을 먹고 그 대상을 두려워하지요. 이 우주비행사는 알려고 노력하지 않으면 겁 내고 두려워하는 단계에서 벗어나지 못한다는 점을 우리에게 깨우쳐 주려고 한 것이 아닐까요?

서울시 중랑구에 사는 20대 청년 이민호 씨는 버스 정류장의 노선 안내 표지판에 진행 방향이 빠져 있는 것을 발견하고, 자신이 평소 이용하는 동네 정류장 표지판들에 일일이 빨간색 화살표 스티커를 붙이기 시작했습니다. 그 버스 노선을 처음 이용하는 사람들에게는 무척 유용했지요. 이민호 씨의 사례는 텔레비전 프로그램에 방영되어 널리 알려졌는데요, 화살표로 버스의 진행 방향을 표시하는 방식은 이제 서울시 버스 노선 안내 표지판의 기본 형식이 되었습니다. '다름'을 찾으려고 했던 아이디어와 작은 실천이 시스템을 바꾸는 데까지 이르렀지요. 차이점을 발견하여 알려 주는 글은 독자에게 기분 좋은 신기함을 선사합니다. 여기에 글쓴이의 실천이 더해지면 독자에게 감동까지 전해 줍니다.

아이디어를 글감으로 발전시키는 방법

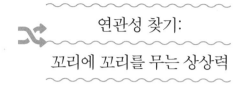

연관성 찾기:
꼬리에 꼬리를 무는 상상력

다음 빈칸에 뭐가 들어가면 자연스러울지 생각해 보세요.

"천둥과 (   )"

판타지영화를 좋아하는 사람은 '토르'를 떠올릴 수도 있겠지만, 보통은 번개를 떠올릴 겁니다. "해와 (   )"의 빈칸에는요? 달을 채워 넣고 싶은 생각이 저절로 들지요. 천둥과 번개를 연결하고 해와 달을 연결 짓는 무엇이 있기 때문입니다. 눈에 보이지 않는 그것을 우리는 연관성이라고 부릅니다. 피자를 먹으면 콜라가 생각나고, 시리얼을 보면 우유가 떠오르지요. 피자와 콜라 사이를, 시리얼과 우유 사이를 연결하는 뭔가가 있기 때문입니다. 그런 것이 연관성입니다. 우리가 연상 작용이라고 부르는 것은 이 연관성 때문에 일어납니다. 연상을 잘하는 사람은 글도 잘 씁니다. 글감이 늘 넘치기 때문이지요.

아이디어를 글감으로 발전시키는 방법

스포츠 경기를 보면 인생의 축소판처럼 느껴질 때가 있습니다. 연관성 때문입니다. 다음 설명을 보면서 여러 스포츠의 장면 장면마다 삶의 어떤 모습을 연관 지을 수 있을지 생각해 보세요.

종목	삶과 연관성 찾기 연습
축구	0:0 점수는 수비수와 골키퍼에게는 승리다. 수비수로서 할 수 있는 모든 것을 했다.
야구	10점 차로 뒤진 경기를 뒤집으려면 먼저 1점을 줄여야 한다.
스키	넘어지는 법을 알면 안 넘어지고, 속도 줄이는 법을 잘 알면 속도를 잘 낸다.
양궁	바람이 왼쪽으로 불면 과녁 오른쪽을 조준해야 맞는다.
역도	무거움을 끝까지 견디는 자가 이긴다.

스포츠와 인생은 여러모로 닮았습니다. 역전 만루 홈런이 통쾌한 것은 누구나 한 번쯤 인생에 그런 순간이 찾아오기를 꿈꾸기 때문이지요. 이처럼 연관성에 눈을 뜨면 글감이 무궁무진하게 펼쳐집니다. 예를 들어 보겠습니다.

2016년 리우올림픽의 명장면을 꼽으라면 나는 펜싱 남자 에페 결승전에서 대역전승을 거둔 박상영 선수의 경기를 꼽겠다. 1점만 더 주면 지는 절박한 상황에서 박상영 선수는 끝까지 포기하지 않고 10대14였던 점수를 15대14로 뒤집었다. 박상영 선수가 자신을 북돋우며 "할 수 있다, 할 수 있다, 할 수 있다."라고 중얼거리던 장면이 생생하게 떠오른다. 금메달이라는 결과보다 끝까지 포기하지 않은 태도가 더 값지지 않을까.

이 글을 쓴 학생과 박상영 선수를 이어 주는 끈은 '끈기'입니다. 그런 것이 연관성이고 그 연관성 덕에 이 글은 독자의 마음에 닿을 수 있지요. 김동환이 지은 시 「강이 풀리면」에는 이런 구절이 나옵니다.

> 강이 풀리면 배가 오겠지
>
> 배가 오면은 임도 탔겠지
>
> 임은 안 타도 편지야 탔겠지

앞 구절과 뒤 구절이 꼬리를 물면서 연관성을 띠고 있습니다. 강에서 배로, 배에서 임으로, 임에서 또 편지로요. 꼬리를 물며 구상하는 것은 글쓰기 연습에 무척 도움이 됩니다. 좋은 글감을 많이 얻을 수 있는 비결이거든요. 연관성 높은 것들을 끝말잇기처럼 한번 열거해 볼까요. 세상 모든 것들은 서로 연결돼 있기 때문에, 이러한 관계 역시 무궁무진한 글감이 됩니다.

> 만년필 ― 잉크 ― 종이 ― 책 ― 도서관 ― 검색 ― 인터넷 ― 이메일 ― 손편지 ― 손글씨 ― 만년필

만년필에서 출발해 만년필로 다시 돌아왔는데요, 처음 떠올린 소

재로 꼭 다시 돌아와야 하는 건 아닙니다. 더 좋은 아이디어가 떠오르를 때까지 생각의 가지를 자유롭게 뻗어도 좋습니다. 저도 종종 사용하는 아주 쉬운 연상 방법을 하나 추천하지요. 인터넷을 활용하는 겁니다. 검색 사이트에서 어떤 단어를 검색하면 연관 검색어가 몇 개 뜹니다. 그중 하나를 선택한 다음, 그다음 연관 검색어 중에서 또 하나를 선택하는 식으로 계속 연상 연습을 해 보세요. 연상 작용의 감을 잡을 수 있을 겁니다.

제가 직접 해 보았습니다. '구글'에서 '직지'를 입력하면 연관 검색어들이 뜹니다. 그중 아무거나 하나를 골랐고요, 그런 식으로 검색어 링크를 계속 따라갔습니다.

직지 → 직지심체요절 → 직지심체요절 반환 → 직지심체요절 프랑스 →
직지 구텐베르크 → 구텐베르크 프로젝트

'직지'와 '구텐베르크 프로젝트'가 연결되더군요. 구텐베르크 프로젝트는 인류가 남긴 기록물들을 디지털 데이터로 만들어 보관하여 모든 이가 공유하자는 거대한 기획입니다. "직지에서 구텐베르크 프로젝트까지" 같은 글을 쓰기 위한 밑바탕이 마련된 것 같군요. 여러분도 한번 해 보세요. 재미있습니다. 예상하지 못했던 참신한 글감이 눈에 띌 겁니다.

이제 조금 더 깊이 들어가 보겠습니다. 연관성이 높은 것들을 열거하다 보면 관계를 맺는 방식이 비슷해 보이는 것들이 있을 겁니다. 예를 들어 작가의 만년필은 작곡가의 피아노와 역할이 비슷하지요. 이런 것들을 한번 묶어 봅시다.

작가 : 펜 ≒ 요리사 : 칼 ≒ 연주자 : 악기

이렇게 비슷한 관계로 짝을 이루는 것들을 한데 모으면 '전문가와 도구의 관계'라는 공통점이 드러나고, 아주 훌륭한 글감이 됩니다. 즉 연관성들 사이에서 연관성을 한 번 더 찾아보는 셈이지요.

앞서 비교와 대조를 공부하며 공통점을 잘 파악하면 차이점도 잘 드러낼 수 있다고 배웠는데, 그 원칙을 여기에 응용해 보지요.

요리사 : 칼 ↔ 자객 : 칼

요리사와 칼은 연관성이 높고, 자객과 칼도 연관성이 높습니다. 그런데 둘 다 칼을 쓰면서도 목적은 다르지요. 이 아이디어를 다음처럼 발전시켜 볼 수도 있습니다.

요리사의 칼은 생명을 살리지만 자객의 칼은 생명을 죽인다.
인터넷에 올리는 게시물도 마찬가지 아닐까.

관찰력이 좋은 사람들은 쉽게 드러나지 않는 연관성을 발견합니다. 자기 분야에서 최고 기량을 발휘하는 사람들은 때로 예상치 못

아이디어를 글감으로 발전시키는 방법

한 것들에서 연관성을 찾아내거나 만들어 내지요. 피겨스케이팅 선수 김연아는 주니어 시절, 꿈이 뭐냐는 기자의 질문에 다른 선수들이 으레 그러듯 '동계올림픽 금메달'이라고 대답하지 않고 '스케이팅으로 사람들에게 아름다움을 주는 것'이라고 대답한 적이 있습니다. 사람들이 운동선수의 꿈으로 올림픽 금메달을 주로 연상할 때 김연아 선수는 완전히 새로운 개념과 연관을 지은 겁니다.

연필과 지우개는 각기 다른 필기구였는데, 창의적인 한 사람의 아이디어로 그 둘을 결합한 '지우개 달린 연필'이 나왔습니다. 그런가 하면 스티브 잡스는 전화기, MP3플레이어, 웹브라우저라는 범주가 다른 세 기기를 하나로 연결하고 합쳐서 아이폰이라는 새로운 기기를 만들었습니다. 세 기기 중 어느 것도 그가 개발하지는 않았지만, 그 사이에서 연관성을 찾은 건 그가 처음이었지요. 글쓰기도 마찬가지입니다. 상관 없어 보이는 두 대상을 연결 지어 보거나, 이미 다른 사람들이 만들어 놓은 지식들에서 연관성을 찾아 연결하면 개성 넘치는 글감을 찾아낼 수 있습니다.

자료를
모으고 정리하는 요령

　자료를 모아서 정리하는 목적은 주제를 뒷받침하는 근거를 확보하기 위함입니다. 아무리 좋은 주장이나 견해도 적절한 근거 없이는 독자의 공감을 얻기 어렵기 때문이지요. 자료가 충분하면 객관성을 확보하기가 좋습니다. 그렇지만 아무리 객관적인 자료라 해도 글의 목적에 부합하지 않으면 쓸모가 없습니다. 그래서 자료를 정보로 바꾸는 작업이 필요한데, 글의 목적에 맞게 자료를 선별하여 간추리고 편집하는 과정을 정보화라고 부릅니다. 그리고 주제에 알맞은 근거 자료와 정보를 자연스럽게 배열하는 일이 개요짜기입니다. 그러면 글의 뼈대가 완성됩니다.

편집:
좋은 자료도 꿰어야 정보

　자료는 우리가 흔히 데이터라고 부르는 겁니다. 온도나 높이 같은 측정값이나 인명, 지명, 연대, 통계 등이 모두 기초 자료죠. 예를 들어 미국 인구에서 흑인이 차지하는 비율인 '13퍼센트'는 통계 자료 중 하나입니다. 한국은 유네스코가 선정한 세계기록유산을 아시아에서는 가장 많이, 전 세계에서는 네 번째로 많이 보유한 나라입니다. 물론 이 순위는 시간이 지나면서 바뀔 수도 있습니다. 한국은 『조선왕조실록』을 비롯해 세계기록유산을 13개나 가지고 있죠. 이 기록물 자체가 귀중한 역사 자료일뿐더러 기록물들의 목록 역시 자료입니다. "해발 4,000미터였던 인도네시아 탐보라 화산은 폭발 후에 높이가 2,851미터로 줄었다"처럼 자료를 설명한 문장도 자료입니다. 도서관에서 복사해 온 3쪽짜리 유인물, 바탕화면에 저장해 둔 용암 분출 사진, 토론을 녹음한 오디오 파일… 이런 것들이 모두 다 자료입니다.

　자료를 가공하는 과정을 정보화라고 부릅니다. 정보화라고 해서

　　　　　　　　　　　　자료를 모으고 정리하는 요령

거창하게 프로그램을 짜는 일만 가리키는 건 아니고, 필요에 따라 분량을 줄이거나 핵심만 간추리는 것까지 두루 정보화라고 부를 수 있습니다. 자료를 잘 정리하는 사람들은 즐겨찾기(북마크), 갈무리(캡처), 발췌 복사(카피)에 별로 의존하지 않고 정보화의 중간 단계로만 잠시 활용합니다. 자료를 읽고 분량을 조금이라도 줄였다면 정보화의 첫 단추를 잘 끼운 겁니다. 전체 화면 갈무리가 자료에 머문 것이라면, 일부 화면 갈무리는 정보에 가깝지요.

온라인이든 오프라인이든 정보화 원칙은 같습니다. 저는 도서관에 가서 책을 읽으며 나중에 참조하고 싶은 구절이 보여도 복사실로 가지 않습니다. 휴대전화로 촬영을 하지도 않고요. 귀찮고 힘들어도 꼭 노트에 펜으로 옮겨 적습니다. 일일이 옮겨 적기는 손도 아프고 꽤 번거로운 탓에 꼭 필요한 구절만 간추리다 보면 저절로 정보화가 진행되거든요. 복사해서 집에 가져오면 어떨까요, 대부분 재활용품 분류 배출함으로 가지 않을까요?

수집한 자료는 곧바로 가공할 때 가장 효율적입니다. 새로 발견한 좋은 웹사이트나 추천받은 영상 자료가 있으면 북마크에 등록하지 말고 당장 그 자리에서 정보화 작업을 조금 진행해 보세요. 인상적인 이미지를 찾았다면 아무렇게나 저장하지 말고 파일 제목을 자기 나름대로 새로 붙이세요. 그때그때 귀찮음을 조금만 견디면 나중에 두고두고 편합니다.

똑같은 이미지 파일도, 파일명을 적절히 바꾸면 한낱 자료였던 것이 좋은 정보로 바뀝니다. 파일명에 내용이 드러나면 나중에 활용하기가 편하거든요. 시간이 많이 지나도 정보로서 유용하지요. "탐보라_화산.jpg"라고 저장한 다음 시간이 날 때 화산이 폭발한 연도까지 붙여 "탐보라_화산_1815.jpg"라고 고쳐 두면 더 좋을 겁니다. 정보는 한 번 쓰고 버리는 게 아닙니다. 끊임없이 재활용해야 합니다. 잘 정리해 둔 정보는 글의 쓰임새에 따라서 약간 다듬어 언제든 다시 쓸 수 있습니다.

자동으로 파일 이름 저장	새 이름으로 파일 저장
IMG-1227.jpg	탐보라_화산.jpg

　나중에 시간 나면 읽어야지 하면서 무작정 통째로 복사하지 마세요. 십중팔구 나중에 시간 안 나거든요. 웹페이지를 갈무리할 수 있는 '에버노트' 같은 프로그램을 쓰더라도 '전체 저장' 기능보다는 '부분 저장' 기능을 활용하여 마우스로 필요한 부분만 긁어서 저장해 두는 게 정보화 습관을 들이는 데 더 좋습니다. 특히 책 내용을 찍거나 칠판 필기 내용을 찍는 것처럼, 문자 기록을 사진으로 저장하는 것은 당장은 편리해 보여도 썩 좋은 자료 수집 방법은 아닙니다. 나중에 다시 정리하려면 무척 귀찮고 번거롭거든요. 디지털 포맷으로 저장했다고 그게 다 정보화는 아닙니다.

　앞서 제가 도서관에서 찾은 내용을 손으로 옮겨 적는다고 했지요? 인터넷 자료도 마찬가지입니다. 중요해 보이는 자료에서도 자신에게 꼭 필요한 핵심만 골라내야 합니다.

　　　　　　　　　　　　자료를 모으고 정리하는 요령

영화 「오즈의 마법사」에 관해 정리한 내용	
자료에 머묾	**정보가 됨**
프랭크 바움의 동화 『위대한 오즈의 마법사』를 원작으로 만든 판타지 뮤지컬 영화. 캔자스 농장에 살던 소녀 도로시가 회오리에 휩쓸려 신비한 나라 오즈에 갔다가 집으로 돌아오는 여정을 그린다. 1939년작 / 감독: 빅터 플레밍 / 출연: 주디 갤런드, 프랭크 모건, 레이 볼거, 버트 라르, 잭 헤일리 　　　　　　　　　　 – 네이버 지식백과	– 프랭크 바움이 쓴 『위대한 오즈의 마법사』가 원작 – 뇌 없는 허수아비가 지성을 얻음 – 심장 없는 양철 인간이 감성을 얻음 – 겁 많은 사자가 용기를 얻음 – 철없던 도로시가 철이 듦 – 없는 줄 알았던 각자의 것을 스스로 발견함

이 표의 왼쪽 내용은 인터넷으로 10초면 찾을 수 있는 자료입니다. 오른쪽 내용에는 간추리고 요약하는 정보화 노력이 들어갔지요. 잘 정리한 정보를 다른 사람에게 설명할 수 있는 단계가 되면, 그 정보는 지식으로 발전한 셈입니다. 좋은 식재료가 근사한 요리로 탈바꿈하는 것이지요. 요리를 하려면 식재료를 씻고 다듬고 필요한 경우에는 하룻밤 재워 두어야 하는 것처럼, 지식을 쌓으려면 반드시 정보화 과정을 거쳐야 합니다. 정보화 과정을 생략한 채 자료가 바로 지식이 되는 경우는 없습니다.

인터넷으로 평소의 관심 주제에 맞는 외신 기사를 찾았을 때, 어떤 학생은 나중에 영어 실력이 좋아지면 보려고 일단 페이지를 저장해 둡니다. 그러면 실력이 늘까요? 한편 어떤 학생은 영어 실력이 형편없는데도 일단 번역을 시도해 봅니다. 한 시간을 낑낑거리며

참조할 만한 외신 기사를 찾았다면, 시간과 노력을 투자해 내용을 정리해 두기 바랍니다.

기어이 한 단락을 번역해 냅니다. 자, 앞으로 누가 글을 더 잘 쓰게 될까요?

나중에 시간이 나기를 기대하는 사람보다 지금 시간을 내려고 노력하는 사람에게 좋은 정보가 모입니다. 그게 공정한 것 같습니다.

자료를 모으고 정리하는 요령

분류: 정보를 지식으로 발전시키려면

　비슷한 범주로 묶어서 분류한 정보는 지식으로 바뀌기 시작합니다. 분류는 지식을 쌓는 아주 좋은 방법인데요, 여러분이 본 영화들을 장르별로 분류해 보세요. 그리고 한 범주로 묶인 영화들을 더 섬세하게 분류해 보세요. SF영화를 좋아하는 저는 아래처럼 작품들을 정리해 두었습니다.

영화	소분류	대분류
2001 스페이스 오디세이	사실적 SF	SF영화
그래비티		
콘택트	사실과 허구를 잘 섞은 SF	
인터스텔라		
스타워즈	허구적 SF	
스타트렉		

　꼭 이렇게 도표를 만들라는 말이 아니라, 분류하여 정리해 두는

습관을 들이자는 겁니다. 소분류 기준은 각자 다르겠지요. '지구가 배경인 작품'과 '우주가 배경인 작품'으로 나눌 수도 있을 테고요. 다만 소분류 항목들이 서로 균형을 맞추려면 범주 원칙에 벗어나면 안 됩니다. 가령 SF영화를 '재난 SF'와 '휴먼 SF'로 나누면 어떨까요? '재난'과 '휴먼'이 같은 범주로 묶이기 어려우니 분류로서 가치가 별로 없을 것 같네요.

'가장 빠른 캐릭터 베스트 7'이라는 주제로 히어로물 영화를 소개하는 유튜브 영화 채널의 영상도 있는데요, 이렇게 범주를 새롭게 구성해 보는 것도 글의 독창성을 높이는 좋은 방법입니다.

자료에서 시작하여, 자료를 정보로 바꾸고, 그 정보를 지식으로 발전시키는 과정을 다시 살펴보겠습니다. 『한겨레』에 「일본 쓰나미 참사 유족이 세월호 참사 유족에게 보내는 편지」라는 글이 실렸습니다. 이 기사의 링크를 북마크에 등록해 두거나 인쇄를 해 두면 기사는 그냥 자료로 남습니다. 그렇지만 읽고 나서 곧바로 다음과 같이 몇 구절을 간추려 두면 그 기사 내용은 정보가 되지요.

> 생명이란 얼마나 무상한 것인가요. 지구가 조금 움직인 것으로 인해 찢어지고 마는 얇은 종이와 같습니다. 하지만 한편으론 어떤 거대 쓰나미에도 휩쓸려 가지 않는 게 마음이라는 것을 알았습니다. (…) 이 아이들의 희생이 덧없는 게 될지 아닐지는 살아 있는 우리들에게 달렸습니다.
>
> —「일본 쓰나미 참사 유족이 세월호 참사 유족에게 보내는 편지」,
> 『한겨레』, 2014년 5월 31일 자.

자료를 잘 간추려서 필요한 정보를 얻었다면, 다음 단계는 뭘까요? 이제 그 정보의 질을 높여야 겠지요. 데이터를 다시 확인하여 검증하면 정보의 질이 높아집니다. "어느 지리학자가…"라고 시작하는 인용문을 간추려 두었다면 내용이 좋더라도 아직 분명한 정보가 아니므로 확인하여 "훔볼트가…"라고 보완해야 유용한 정보가 됩니다.

화산 폭발의 역사에 관해 글을 쓰려면 자료를 충분히 모은 다음 글쓰기에 필요한 정보를 간추려 정리해야 합니다. 정보를 간추렸다고 해서 전부 글쓰기에 바로 활용할 수 있는 건 아닙니다. 확인하여 보완하는 절차가 필요하지요.

최초 정보	보완한 정보
19세기 초에 폭발한 인도네시아의 탐보라 화산은 폭발 후 높이가 4,000미터에서 2,851미터로 줄었다.	1815년에 인도네시아 숨바와 섬의 탐보라 화산이 폭발했는데, 폭발 후에 높이가 4,000미터에서 2,851미터로 줄었다.

'19세기 초'도 틀린 정보는 아니지만 '1815년'이라고 보완하니까 정보가 더 충실해졌지요? 화산이 폭발한 지역도 구체적으로 밝히면 독자는 더 알찬 정보를 얻게 됩니다.

다음 단계는 같은 종류끼리 정보를 분류하는 일입니다. 앞서 우리가 배운 용어로 표현하면 범주화 작업이지요. 대규모 화산 폭발에 관한 정보를 책이나 잡지, 웹사이트 등에서 찾았다면 그 정보들

자료를 모으고 정리하는 요령

을 한데 묶어 둡시다.

79년	이탈리아 베수비오 화산 폭발
536년	파푸아뉴기니 라바울 화산 폭발
1108년	일본 아사마 화산 폭발
1600년	페루 와이나푸티나 화산 폭발
1783년	아이슬란드 라키 화산 폭발

표기 형식도 일정한 규칙대로 비슷하게 맞추면 좋겠습니다. 이렇게 같은 종류끼리 묶어 두면 나중에 지진이나 다른 자연재해에 관한 정보가 보일 때, 예전에 묶어 둔 화산 폭발 정보가 떠오르겠지요. 그러면 새로 습득한 정보를 화산 폭발 항목 바로 아래에 덧붙이면 됩니다. 그리고 화산 폭발, 지진, 태풍 같은 것들을 상위 범주로 묶어 주고, 기존 항목에 포함되지 않는 새로운 재해 정보는 새로운 범주를 만들어 분류합니다. 다음처럼 정리할 수 있겠네요.

소분류	중분류	대분류
화산 폭발		
지진	자연재해	
태풍		재해
일반사고		
특수사고	인위재해	
오염		

이렇게 정보들을 잘 분류해 두면 여러분은 재해에 관한 글을 쓸 때 관련 지식을 능숙하게 다룰 수 있습니다. 전문 지식까지는 아닐지라도 교양 지식은 충분히 갖춘 셈이지요. 시간과 노력이 너무 많이 들 것 같다고요? 그건 다루는 주제와 내용의 범위에 따라 다릅니다. 가령 핵폐기물 처리 문제에 관해 토론한다고 하면 이틀 정도만 투자해도 충분히 중요한 내용들을 파악할 수 있지요. 하루는 「영원한 봉인」, 「후쿠시마의 미래」 같은 다큐멘터리 영화들을 모아 시청하고, 하루는 『체르노빌의 목소리』 같은 관련 서적을 읽으며 참조할 만한 내용을 정리해 두면 충분할 것 같습니다. 물론 핵폐기물 처리 문제는 오랜 시간을 두고 깊이 고민해야 할 무거운 주제이므로 장기적인 계획을 세워 분류하고 정리하는 편이 더 좋겠지요. 나중에 살펴볼 논술문의 주요 주제이기도 하니까요.

우리의 지식이란 한마디로 일정한 유형, 즉 패턴을 인식하는 능력입니다. 그래서 지식을 확장하려면 비슷한 정보끼리 묶는 일이 무척 중요하지요. 화산 폭발 이전과 이후를 관찰해 보면 거기서 비슷한 패턴이 보일지도 모릅니다. 예컨대 화산재가 하늘을 뒤덮어 태양을 가리면, 햇빛이 덜 비치고 온도도 낮아지죠. 그러면 곡물이 잘 안 자라거나 냉해를 입으며, 식량 공급이 안 되니까 민심이 사나워집니다. 이 패턴은 인류 역사상 어디나 다 비슷했는데요, 이런 것이 좋은 글감이 되어 줍니다. 다음처럼 주제를 뽑을 수 있겠네요.

"1789년의 프랑스 혁명에 불씨를 제공한 1783년의 아이슬란드 화산 폭발"

물론 중요한 역사적 사건은 그 원인이 딱 한 가지는 아닙니다. 여러 조건이 복잡하게 얽혀서 원인으로 작용하지요. 1789년에 프랑스에서 일어난 시민 혁명도 여러 요인이 숨어 있습니다. 다만 지리학자들은 아이슬란드의 화산 대폭발이 수년 뒤 흉년을 초래하고, 치솟은 곡물 가격에 대한 시민들의 분노가 프랑스 혁명에도 영향을 끼쳤을 것이라고 진단합니다. 기후 변화 통계라든지 작물 재배 기록, 곡물 가격 변동 그래프… 이런 객관적 자료들을 체계적으로 분석한 결과였기에 설득력이 있지요.

어떤 분야의 지식을 체계화한 것이 바로 '학문'입니다. 그중에서도 가장 정교하게 패턴을 찾는 분야가 과학이고요. 과학적 사고의 대표적인 방식은 분석과 분류입니다. 어떤 구성 요소로 이루어져 있는지 쪼개 보는 것이 분석이고, 공통 속성을 찾아내 묶는 것이 분류이지요. 글쓰기에도 과학적 태도가 필요합니다. 구체적으로 쪼개 보고, 공통점을 찾아 묶어 보며 보편성과 규칙을 찾아내야 표현력이 좋아지기 때문입니다.

인용: 다른 사람의 지식을 활용하기

자기가 겪고 깨달은 것만으로 글을 전부 채우기는 어렵습니다. 다른 사람의 경험, 다른 사람의 지식을 적절하게 빌리고 활용해야 하지요. 그런데 빌리는 데는 지켜야 할 규칙이 있습니다. 타인의 작품 내용 일부를 함부로 가져오면 표절이 되니까요. 겁낼 필요는 없습니다. 출처를 잘 적고 몇 가지 원칙을 지키면 됩니다.

인용은 다른 사람의 말과 글을 빌려 오는 것인데요, 원래 구절을 고치지 않고 그대로 옮기고는 따옴표로 표시하는 직접 인용과, 내용은 유지하되 따옴표 없이 문장에 녹여 자기 말투로 옮기는 간접 인용이 있습니다.

간접 인용은 독자를 더 잘 이해시키려고 원문 내용을 자기 말투로 바꾼 인용입니다. 내용은 똑같은데 표현 방식만 약간 달라지지요. 원문을 인용하고 싶은데 중복된 내용이 많거나 문장이 너무 딱딱하다면 간접 인용을 사용해 자기 말투로 옮겨서 쓰면 됩니다. 직접 인용과 간접 인용을 비교해 보겠습니다.

자료를 모으고 정리하는 요령

직접 인용	간접 인용
그는 "넌 괜찮은 녀석이야"라고 말했다.	그는 내가 괜찮은 녀석이라고 말했다.
"타인보다 우수하다고 고귀한 것이 아니다. 진정 고귀한 것은 과거의 자신보다 우수한 것이다." 　　　　　―영화 「킹스맨」(2015)	영화 「킹스맨」(2015)에는 타인보다 우수하다고 고귀한 것이 아니고, 과거의 자신보다 우수한 것이 진정 고귀한 것이라는 말이 나온다.

　중요한 정보를 전달하는 글에서는 직접 인용이 독자에게 더 유익합니다. 예를 들어 독서 감상문을 쓸 때는 중요한 대목을 직접 인용으로 처리하는 것이 좋지요. 감상문을 쓰는 사람이 한 번 고친 것보다는 고치지 않은 원본 구절이 독자에게 더 나은 정보이기 때문입니다. 고민이 될 때는 독자의 입장에서 무엇이 더 좋을지 판단해 보면 됩니다.

　　좋은 집을 지으려면 노송나무나 삼나무를 키워야 한다. 막대기와 판자 조각을 주워 와서 만들 수 있는 건 겨우 쓰레기통 정도다.

　　　　　　　　　―구로사와 아키라 지음, 김경남 옮김 『자서전 비슷한 것』,

　　　　　　　　　　　　　　　　　　모비딕, 2014, 171쪽.

　출처를 적을 때는 '저자, 제목, 출판사'가 필수 사항으로, 글자수나 분량에 제한이 없다면 번역자, 출간 연도, 쪽 번호까지 넣어 주

면 더 좋습니다. 책의 일부를 인용하면서 출처에 글쓴이 이름만 적
거나, 책 제목만 함께 덜렁 적는 학생들이 많은데요, 그러면 그 인용
문을 읽는 독자가 원문을 찾아볼 길이 없으므로 바람직하지 않습니
다. 쪽 번호까지 적으라고 제가 권하는 건 그렇게 해야 인용문을 읽
은 독자가 원문에 쉽게 접근할 수 있기 때문입니다.

부적절한 인용법	적절한 인용법
"아무리 뻣뻣한 편견도, 사랑이 일단 솟 아나 그 편견을 구부리기 시작하면, 얼 마나 부드러워지는가." 　　　　　　　　　　　—허먼 멜빌	"아무리 뻣뻣한 편견도, 사랑이 일단 솟 아나 그 편견을 구부리기 시작하면, 얼 마나 부드러워지는가." 　　　—허먼 멜빌 지음, 김석희 옮김, 　　　『모비딕』, 작가정신, 2010, 100쪽.
"과거를 지배하는 자는 미래를 지배한 다. 현재를 지배하는 자는 과거를 지배 한다." 　　　　　　　　　—『1984』 중에서	"과거를 지배하는 자는 미래를 지배한 다. 현재를 지배하는 자는 과거를 지배 한다." 　　　—조지 오웰 지음, 정회성 옮김, 　　　『1984』, 민음사, 2003, 51쪽.

　왼쪽처럼 인용하면 그 인용문을 읽은 독자가 원문을 찾기가 매우
어렵겠지요. 그러나 오른쪽처럼 인용하면 누구든 도서관에서 원문
을 쉽게 찾아볼 수 있습니다. 인용의 쓰임새에 충실한 것이지요.
　영상 자료를 인용할 때도 독자 입장에서 생각해 보고 출처를 적
으세요. 다음처럼 인용하면 됩니다.

　　　　　　　　　　　　　　　자료를 모으고 정리하는 요령

"일본어 '기레이'는 예쁘다는 뜻인데 영어로 'beautiful'에 해당합니다. 영어의 '뷰티풀'은 꽃이 만발했을 때 사용합니다. 하지만 일본은 꽃도 피지 않고, 아무것도 없이 정원이 깨끗하게 정리되어 있으면 '기레이'라고 합니다."

— 사토 고이치(디자이너),

MBC,「아시아, 디자인을 입다 1부: 절제의 미학 일본」.

저는 인용을 할 때 방영 날짜까지 적기도 하는데요, 필수 요소는 아니니 글의 성격에 따라 각자 판단하기 바랍니다.

"아폴로8호가 기여한 부분이 무엇이냐는 질문을 많이 받았습니다. 가장 큰 성과는 지구를 발견한 것이죠."

— 윌리엄 앤더스(아폴로8호 우주비행사),

KBS(BBC 제작),「인간과 우주 제5부: 우리는 어디로 가는가」.

다음은 인터넷 자료 인용법입니다.

"일반적으로 맑은 날의 가시 거리로는 독도까지 보기가 어렵습니다. 하지만 태양은 1억5천 만 km나 떨어져 있지만 잘 보입니다. 따라서 태양 앞에 놓이게 된다면 아무리 멀리 있더라도 실루엣으로 보이게 됩니다. 그래서 일출 시에는 독도를 그렇게 선명하게 볼 수 있게 되는 것입니다."

— 권오철(사진작가)

"권오철의 도전: 울릉도에서 독도를 품은 일출을 촬영"(blog.ncsoft.com)

이 자료를 온라인에서 인용할 때는 해당 웹페이지(blog.ncsoft. com/?p=2517)로 바로 이동할 수 있도록 게시물 제목에 링크를 걸어 주면 됩니다. 오프라인에서만 읽을 문서에 인용할 때는 링크 기능을 활용하지 못하므로 웹페이지 주소를 모두 적기보다는 게시물 제목을 적고 그 뒤에 게시물이 실린 웹사이트 주소(blog.ncsoft. com)만 표기해도 충분하겠지요. 웹페이지 주소를 다 적지 않아도 검색 사이트를 이용하면 누구든 원본을 쉽게 찾을 수 있으니까요.

인용의 목적은 내용 소개가 아니라 독자에게 원문으로 가는 징검다리를 놓아 주는 일입니다. "이거 내용 좋지?"가 아니라 "이거 너도 찾아 읽어 봐"에 가깝다는 점을 꼭 기억합시다.

자료를 모으고 정리하는 요령

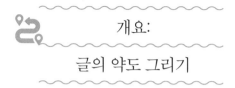

개요:
글의 약도 그리기

글을 본격적으로 쓰기에 앞서 글의 전체 내용을 미리 간추려 본 것을 개요라고 부릅니다. 개요는 말 그대로 글을 대강 보여주는 것이라서, 대강 짜야 개요로서 쓸모가 있지요. 개요를 짜는 방법은 너무나 많아서 일일이 소개할 수 없지만, 꼭 명심해야 할 점은 처음부터 개요를 너무 치밀하게 짜려고 하면 정작 글을 쓰기도 전에 포기할 수 있다는 것입니다. 우리는 조금 더 쉽고 간단한 방법으로 개요 짜기에 접근해 보겠습니다.

글은 자기 의견을 드러내는 부분과 근거를 대는 부분으로 구성되어 있습니다. 즉 주장과 근거로 이루어지죠. 글의 스케치이자 약도인 개요 역시 주장이 드러난 부분과 근거가 드러난 부분으로 나뉩니다. 주장은 글의 주제를 뚜렷이 표현한 문장이고, 근거는 주제를 뒷받침하는 문장입니다. 주제는 개요를 짜기 전에 먼저 제시될 때도 있고, 개요를 짜는 과정에서 도출할 수도 있지요.

여러 사례를 관찰한 다음 어떤 일반적인 결론을 이끌어 내는 방

자료를 모으고 정리하는 요령

식을 귀납적인 글쓰기라고 부릅니다. 이와 달리 어떤 주제나 원칙이 먼저 주어진 다음 그에 걸맞은 사례를 찾아서 보여주는 방식을 연역적 글쓰기라고 부르고요. 조금 딱딱한 용어가 나왔네요. '귀납'은 실로 꿰맨다는 뜻을 지닌 한자어로, '일반화'와 뜻이 비슷합니다. 일반화란 한 덩어리로 만든다는 의미니까요. 이와 반대로 '연역'은 실을 풀어헤친다는 뜻을 지닌 한자어로, '삼단 논법'처럼 뚜렷한 명제에서 구체적인 사례를 도출하는 방법입니다. 원칙이 먼저 제시되고서 구체적인 사례가 나오지요.

귀납	작년 여름에도 집중 호우가 내렸다. 올 여름에도 집중 호우가 내렸다. 그러므로 내년 여름에도 집중 호우가 내릴 것이다.
연역	사람은 누구나 죽는다. 소크라테스는 사람이다. 그러므로 소크라테스도 죽는다.

철학자 프랜시스 베이컨은 이 두 가지 방식을 '개미'와 '거미'에 비유하여 조금 더 쉽게 설명했습니다. 개미는 밖에서 먹을거리를 열심히 모아 와서 결과물을 만들어 내지요. 그 반면에 거미는 자기 안에 이미 품고 있는 것을 밖으로 꺼내 거미줄을 만들어 먹이를 잡고요. 개미가 일하는 방식이 귀납이라면 거미가 일하는 방식은 연역입니다. 개요를 짤 때 귀납이니 연역이니 하는 용어를 꼭 알아야 하는 것은 아니고, 서로 다른 전개 방식이 있다는 것 정도만 알면 됩

니다.

먼저 개미처럼 자료를 모으는 방식으로 개요를 짜 보겠습니다. 어떤 주제로 글을 쓸지 정해지지 않은 상태에서, 뭔가 글감이 될 만한 것들이 보일 때마다 차곡차곡 정리해 두면서 글감들 사이의 연관성을 찾아내 보는 겁니다. 주제가 정해진 경우보다 한 단계 과정이 적기 때문에 개요를 짜기가 더 쉬운데요, 제가 썼던 글로 예를 들어 보지요.

편의점 중에 '패밀리마트'가 있습니다. 주스 상표 중에는 '훼미리주스'가 있지요. 똑같이 'Family'라는 단어에서 온 말인데 '패밀리'라고 표기되기도 하고 '훼미리'라고 표기되기도 하는 것이 저는 흥미로웠습니다. 그건 〔f〕 발음을 제대로 표현할 수 있는 한글 표기가 없기 때문일 겁니다. 그렇다 해도 뭔가 일관된 표기 원칙이 있으면 좋을 것 같았습니다. 여기까지의 아이디어만으로 개요를 짜 보면 이렇게 되겠지요.

항목	개요
대표 사례	패밀리마트는 '패밀리'인데 훼미리주스는 '훼미리'
관련 사례	파일과 화일, 파이팅과 화이팅도 마찬가지
주제	외래어 표기는 일관성이 무척 중요하다. 〔f〕 발음 표기를 하나로 통일하자.

근거에 해당하는 부분이 먼저 나오고 주장에 해당하는 부분이 뒤에 나오지요. 이런 것이 귀납적 방법입니다. 앞서 지적했듯, 개요는

자료를 모으고 정리하는 요령

개요에 불과한 것이라서 근거 자료를 검토하며 나중에 얼마든지 수정할 수 있습니다. "〔f〕 발음을 'ㅍ'으로 일관되게 표기하자"라고 주제를 정했다고 해도, 자료를 조사하다 보면 관련 사례가 충분하지 않을 때도 많고, 더 재미있고 참신한 사례를 찾을 수도 있거든요. 그러면 사례에 맞춰 주제를 바꾸면 됩니다. 개요를 치밀하게 짜지 말고 대강 짜는 게 좋다고 조언한 까닭도 내용이 언제 바뀔지 모르기 때문입니다.

사례를 하나 더 보겠습니다. 한국 사람들은 평소에 낯선 사람과 말을 할 때 무조건 상대를 높여야 한다는 강박 관념을 갖고 있는 것 같습니다. 적절한 존대 표현은 대화를 매끄럽게 만들지만 지나친 존대 표현은 오히려 대화를 어색하게 만들 수도 있는데 말이지요. 아무 곳에나 '-시-'를 붙이는 사람들이 무척 많은데요, 다 올바른 표현일까요? 이상하거나 어색하다는 생각이 든 적 없나요? 맞는지 틀리는지 잘 모르겠지만 뭔가 이상하다는 생각이 들 때, 그냥 지나치지 말고 적어 두기 바랍니다. 일단 기록을 해 두고 비슷해 보이는 사례가 보이면 묶어서 정리해 두세요. 이런 구상이 다음과 같은 개요로 이어집니다.

항목	개요
대표 사례	편의점에서 자주 듣는 말, "이천 원이세요."
관련 사례	카페에서 자주 듣는 말, "주문하신 생과일주스 나오셨어요."
주제	잘못된 표현 아닐까? 올바른 표현은 무엇일까?

이렇게 개요를 대강 짠 다음에 자료를 조사하면서 주제를 구체적으로 다듬으면 됩니다. 다른 사례를 더 보지요. 역사를 소재로 다룬 영화들에는 크고 작은 사실 왜곡이 있기 마련입니다. 영화는 역사가 아니니까요. 이 오류들을 한데 모아 보면 어떨까요? 아래처럼 개요를 짜 볼 수 있겠습니다.

항목	개요
대표 사례	영화 「고산자, 대동여지도」에 나온 역사적 오류
관련 사례	영화 「덕혜옹주」에 나온 역사 왜곡
주제	사극 영화에 나온 역사 오류 바로잡기

짧은 글이 아니라 책 한 권처럼 긴 글이라면 어떨까요? 그래도 개요의 기본 구조는 마찬가지입니다. 이 책을 쓸 때도 먼저 제가 가장 흥미롭게 읽었던 한 초등학생의 글을 대표 사례 삼고, 경험이 구체적으로 기록된 관련 사례를 모은 다음 첫 주제를 뽑았습니다. 이런 작은 개요들을 갈래별로 모으고 나눠서 커다란 개요를 짰지요. 다음은 이 책을 쓰면서 처음 짰던 작은 개요입니다.

항목	개요
대표 사례	유인물 모서리에 박힌 스테이플러 침(초등학생)
관련 사례	인생은 피자(중학생), 일회용 컵 대신 텀블러 쓰기(고등학생)
주제	구체적으로 쓰면 주제가 더 잘 전달된다.

자료를 모으고 정리하는 요령

대표 사례 찾기, 관련 사례 찾기, 주제 이끌어 내기. 이 순서를 잘 기억해 두세요.

자, 그렇다면 이제는 연역으로 개요를 짜는 것도 해 보아야겠지요? 자기 안에 품고 있는 것을 꺼내어 거미줄을 짜는 거미처럼요. 주제가 먼저 주어지는 경우에는 우리가 아는 것 중에서 근거가 될 만한 예를 끄집어 내야 합니다. 글의 주제가 미리 제시되면 자기한테 유리하게, 쓰기 쉽게 주제를 조정할 필요가 있습니다. 그래야 사례도 쉽게 찾아낼 수 있거든요.

가령 '성평등'에 관해 글을 쓰라는 과제가 주어진다면 성평등에 관해 두루 살펴보려 하기보다는 관심사를 좁혀서 세부 주제를 정하는 것이 중요합니다. 여러분이 영화를 즐겨 본다면 '성차별적인 장면이 나오는 영화들'이라든지 '성평등을 다룬 다큐멘터리' 등으로 논의 범위를 좁히는 게 좋습니다. 그래야 주제에 걸맞은 예를 찾기 수월해지거든요. 스포츠가 여러분의 관심사라면 스포츠 현장에서 성차별, 또는 성평등 실천 사례를 찾아보면 되겠지요. 말이나 표현에 관심이 많다면 우리가 평소 사용하는 말 중에 성차별적인 표현이 있는지 살펴보면 되겠고요. 다음처럼 머리에 떠오른 생각들 중 하나를 골라 개요를 짤 수 있습니다.

제시 주제: 성평등

세부 주제: 바로잡아야 할 성차별적 호칭

실제 사례: '아줌마'와 동의어로 쓰이는 '주부'라는 말

제시된 주제를 조금 더 구체적으로 바꾸었고 실제 사례를 찾아서 적었습니다. 여기에 관련 사례를 하나 추가하면 더 그럴싸한 개요가 되겠지요. 연역적 개요 짜기의 순서는 다음처럼 정리할 수 있습니다.

항목	개요
제시 주제	성평등
세부 주제	성차별적인 호칭 문제
대표 사례	'주부'라는 말은 여성(아줌마)을 가리키는 말로 주로 쓰인다.
관련 사례	'가장'이라는 말은 주로 아버지를 가리킨다.

제시된 주제를 구체적으로 고치고, 관련된 예를 추가하니 글의 얼개가 대강 만들어졌습니다. 독서 감상문, 백일장, 논술 등 글쓰기에서 주제가 미리 제시될 때는 이런 방식으로 개요를 짜면 됩니다. 이런 방식에서는 주제를 치밀하고 구체적으로 바꾸는 일이 핵심입니다. '세부 주제'를 잘 도출하는 게 중요하지요. 가령 '대기 오염 문제'에 관해 쓰는 것이 과제라면 대기 오염은 넓은 주제에 해당하므로 내용의 범위를 구체적으로 좁혀서 세부 주제를 찾아내야 합니다. 대기 오염의 전 분야를 다루려고 하면 안 됩니다. 범위를 좁혀서 자기가 글을 쓸 수 있는 특정 영역만 다루는 것이 좋습니다. 저라면

자료를 모으고 정리하는 요령

"디젤 자동차 배기가스 문제"라고 세부 주제를 도출할 것 같네요.

근거가 될 만한 사례를 조사하다 보면 정했던 세부 주제보다 더 흥미로운 주제가 보일 때도 있습니다. 디젤 자동차의 매연에 관해 자료를 찾다가 우연히 "화력 발전소가 유발하는 미세 먼지 문제"를 알게 되고, 점차 그쪽으로 흥미가 기울지도 모르지요. 그러면 처음으로 돌아와 개요를 고치면 됩니다. 개요는 글쓰기의 막연함을 덜어주기 위한 수단이므로 첫 개요에 얽매일 필요가 전혀 없습니다. 오히려 더 나은 방향으로 글이 보완되는 것이므로 바람직한 현상이지요. 처음에 짠 개요 그대로 완성되는 글은 별로 없거든요.

개요를 확장하고, 각 글의 종류와 특성에 알맞은 근거를 덧붙이면 글 한 편이 완성됩니다. 시인 롱펠로는 일찍 세상을 떠난 친구를 추모하려고 「할람을 기리며」라는 시를 썼는데요, 여기에 이런 구절이 나옵니다. "아예 사랑하지 않는 것보다는 사랑하고서 헤어지는 게 더 낫다." 개요는 글의 설계도가 아니라 스케치입니다. 좋은 글이라는 집을 찾아가는 약도 같은 것이지요. 너무 꼼꼼하게 짜려고 하기보다는 실수해도 괜찮다는 생각을 갖고, 거침없이 일단 시도해 보면 좋겠습니다. 좋은 실패는 글쓰기의 커다란 자산이니까요.

2

글쓰기 전략

글의 가치를 높이는
갈래별 글쓰기 요점

　글의 목적과 성격에 따라 글의 형식은 달라집니다. 감상문이나 수필처럼 감정을 전달하기에 적합한 글이 있는가 하면, 보고문처럼 객관적인 정보를 전달하기에 알맞은 글도 있고, 칼럼이나 논술문처럼 주장을 펼쳐서 독자를 설득하는 게 목적인 글도 있지요. 전달하려는 내용이 같더라도 글이 실리는 매체의 특성에 따라 표현 방식을 조금 바꿔야 할 때도 있습니다. 비슷한 내용이라도 종이 매체에 싣느냐 아니면 인터넷 매체에 싣느냐에 따라 그 반응이나 결과가 달라질 수 있으니까요. 그렇지만 글의 종류가 무엇이고 실리는 매체가 어디든 독자가 잘 이해할 수 있도록 배려한다는 표현의 기본 원칙은 변함이 없습니다. 모든 글쓰기에 두루 적용되는 원칙은 무엇이고, 글의 종류에 따라 조금씩 달라지는 특성은 무엇인지 살펴보겠습니다.

인터넷 글쓰기:
사용 목적을 뚜렷이,
출처는 정확히

　우리가 글을 올리는 인터넷 매체는 카카오톡이나 페이스북, 인스타그램 같은 SNS, 블로그, 웹사이트, 공개된 게시판, 비공개된 커뮤니티 등 종류가 워낙 다양하기 때문에 '인터넷 글쓰기'라는 한 범주로 묶어서 그 특징을 설명하기가 쉽지 않습니다. 인터넷 매체들의 쓰임새가 각기 조금씩 다르고, 그에 맞춰서 기능이 개발됐다는 점을 고려할 필요가 있지요. 그러니 매체별 특성을 잘 파악하여 자기에게 가장 알맞게 그 매체들을 글쓰기 도구로 잘 활용하는 일이 중요할 겁니다.

　예를 들어 블로그는 정보를 정리해 두거나 글을 발표하기에 적합한 도구입니다. MS워드나 아래아한글 같은 문서 편집 도구를 인터넷으로 간략하게 구현한 셈이지요. 자료와 정보를 간추려 두는 데 유용한 에버노트 같은 편집 도구는 게시물 일부를 인터넷으로 타인과 공유하기에도 편리합니다. 인스타그램은 자기가 찍은 사진을 공유하며 간단하게 자기 의견을 덧붙이는 방식에 최적화되어 있습니다. 사진 찍는 것을 좋아하는 사람들이 주 사용자라서 관심사를 함께 나누기에도 좋지요. 카카오톡이나 텔레그램 같은 채팅 도구는 공통 관심사를 지닌 친구들과 의견을 바로바로 교환하기에 무척 편리하고요.

도구를 잘 활용하려면 도구의 장단점을 잘 알아야 합니다. 도구를 사용하는 목적을 뚜렷이 정하면 더 효율적으로 도구를 이용할 수 있지요. 가령 인스타그램은 새로 읽은 책의 표지나 새로 본 영화의 포스터를 찍어 올리는 목적으로 운영해도 괜찮을 겁니다. 말하자면 온라인 버전 '주제 일기'가 되는 것이지요. 블로그는 특정 분야의 정보를 차곡차곡 정리하는 데 적절한 도구입니다. 어느 고등학생은 항공기 정보를 전문으로 다루는 블로그를 운영하고 있고, 어느 중학생은 자신만의 학습법과 암기법을 블로그에 정리해 두고 있더군요. 저는 평소 블로그에 분류해 둔 글감을 문서 편집기로 다시 정리하여 글을 쓰는데요, 이번에 책을 쓰면서는 글의 순서를 재구성하는 데 편리한 기능을 갖춘 프로그램인 '스크리브너'를 활용했습니다. 계속 새로운 프로그램과 인터넷 서비스가 등장하니까, 앞으로 더 참신한 글쓰기 도구가 등장할지도 모르겠네요.

제가 강조하고 싶은 점은, 여러분이 표현하고자 하는 내용과 주제를 가장 잘 담아낼 수 있는 도구를 선택하는 게 중요하다는 것입니다. 사용 목적을 고민하지 않고 마구잡이로 끄적이는 것과, 사용 목적을 신중하게 고려한 다음 체계적으로 쓰는 것에는 꽤 큰 차이가 있으니까요.

제 트위터 게시물입니다. 긴 분량을 140자로 줄이다 보면 자연스럽게 요약 연습이 됩니다. 정보 공유가 트위터 사용의 주 목적이라면 요약 연습은 부가적인 목적이겠지요.

　글 한 편을 이루는 구성 요소는 불필요한 부분이 하나라도 있어선 안 됩니다. 게시물 하나를 작성할 때도 제목, 문구, 첨부 이미지, 첨부 동영상 등 구성 요소에 각기 뚜렷한 목적이 있어야 합니다. 예컨대, '학교 도서관 새 단장 프로젝트'라는 보고문을 학교 게시판이나 블로그 등에 공개한다면 프로젝트 진행 전, 진행 과정, 진행 후의 모습을 보여주는 사진이나 영상 자료가 들어가는 편이 효과적이겠지요. 그래야 글, 영상, 음악, 사진 등이 한데 어우러지는 매체의 장점을 극대화할 수 있을 테니까요. 인터넷 카페에 학교 축제 공연에 관한 글을 올린다면 동영상 자료를 짧게라도 덧붙여야 좋을 겁니다.
　주제 전달이라는 글쓰기의 목적에 충실히 기여하려면 필요한 자료를 적절하게 첨부해야 합니다. 한 가지 목적을 향해 모든 요소가 제 역할을 성실하게 수행하는 상태를 가리켜 '유기적 관계'라고 부릅니다. 아주 중요한 개념이지요. 생명체를 유기체라고도 부르지요? '유기적'이라는 말은 생명 활동을 한다는 뜻인데요, 생명체는 모두 건강하게 자기 생명을 보존하겠다는 뚜렷한 목적을 갖고 살아갑니다. 그래서 모든 신체 기관이 그 목적에 충실히 기능하지요. 신체 조직이나 장기, 혈액 등 무엇 하나 불필요한 것이 없습니다. 그래서 서로 떼 놓기 어려운 긴밀한 관계를 가리킬 때 '유기적 관계'라는 말을 자주 씁니다. 2002년 월드컵에서 4강 신화를 거둔 대한민국 축구 대표팀 역시 수비수, 미드필더, 공격수, 코치진에 이르기까지 유기적으로 아주 잘 짜인 훌륭한 조직이었지요. 12번째 선수였던 붉은악마도 빼놓을 수 없겠네요.

멀티미디어 자료를 함께 보여 줄 수 있다는 것은 종이 매체나 다른 아날로그 도구가 넘기 힘든 디지털 매체의 커다란 장점이니 적극적으로 활용합시다.

요즘 청소년들은 이미 잘하고 있겠지만, 사진이나 영상 등을 글 중간에 넣을 때는 늘 유기적 관계를 떠올리세요. 영상 정보는 문자 정보의 들러리가 되어선 안 됩니다. 제 역할이 반드시 있어야 하지요. 글 한 편을 다 쓴 다음에, 중간중간에 액세서리처럼 의미 없는 그림이나 영상을 끼워 넣는 것은 썩 좋은 표현 방식이 아닙니다. 그러면 그림이나 동영상이 사족 같은 것이 되어 글의 유기적 관계를 깨뜨리거든요. 달리 말해, 어떤 동영상을 첨부하고자 할 때, 해당 영상이 빠지면 글 전체의 흐름이 부자연스럽거나 미흡하게 느껴져야 합니다. 사진이나 영상 자료를 넣은 글과 그러지 않은 글을 비교해 보았을 때 아무 차이가 없다면 그 사진과 영상 자료는 안 넣는 게 바람직합니다. 제 역할이 딱히 없는 셈이니까요.

문자는 표현력의 왕이 아닙니다. 백 마디 말보다 사진 한 장의 위력이 더 크다고도 하지만, 그렇다고 그림이나 사진의 표현력이 문자보다 늘 세다고 말하기도 어렵습니다. 이미지나 영상 한 컷을 보여 주는 게 효과적일 때도 있고 문자로 친절하게 설명하는 게 더 효과적일 때도 있으며, 그 둘을 적절하게 섞는 게 더 나을 때도 있거든요. 맥락에 따라 효과가 다 다른 것이지요. 문자로 표현하지 못하는 정보를 영상이 제공하고, 영상이 미처 담지 못한 정보를 문자가 보완해 주는 것. 그것이 균형 잡힌 인터넷 글쓰기 같습니다. 정답이 없는 만큼 꾸준한 연습이 필요하지요.

모든 인터넷 글쓰기에는 오프라인 글쓰기와 다른 뚜렷한 특징이 있습니다. 바로 네트워크의 파급력입니다. 이쪽에서 일으킨 작은 물결이 저쪽에서 커다란 해일이 되기도 하지요. 조금 주제넘은 이야기인지 모르지만, 저는 방문자 수나 조회 수가 얼마나 되든 상관없이, 세상 모든 사람이 제 글을 읽을 수도 있다고 생각하며 인터넷 매체에 글을 씁니다. 네트워크는 모두 연결되어 있기 때문입니다. 특히 어떤 사람이나 창작물을 비판하는 글을 쓸 때는 당사자가 이 글을 읽을지 모른다고 여기면서 쓰지요. 학창 시절에 개인 홈페이지나 SNS에 무심코 올렸던 글이 성인이 된 다음 사회생활을 할 때 발목을 잡기도 합니다. 문제는 그 글들을 나중에 자기 스스로 고치거나 없앨 수 없다는 점이지요. 어느 미국 청년이 인터넷 기업에 취업됐다며 '내가 이 바보 같은 회사에 지원한 건 오로지 돈을 많이 주기 때문'이라는 내용으로 SNS에 글을 올린 일이 있습니다. 이 글이 나중에 회사 담당자의 눈에 띄어 합격이 취소되었다지요. 이와 비슷한 국내외 사례는 많습니다. 지원자의 성향과 그간의 생활을 파악하기 위해 인터넷 자료를 미리 찾아보는 회사들이 늘어나고 있거든요. 사생활 침해라고 반발하는 사람들도 있지만, 감당하지 못할 내용을 인터넷에 올린 본인의 책임은 피하기 어렵습니다. SNS에 무심코 올린 문구 하나 때문에 곤욕을 치르는 사람들은 너무나 많습니다.

회원들만 읽는 인터넷 카페에 자료를 공유할 때도 저는 비회원들까지 읽을 수 있다고 가정하고 올립니다. 네트워크는 서로 연결되어 있기 때문입니다. 몇 단계만 거치면 인터넷 세상은 모두 연결됩니다. 닫힌 공간과 열린 공간의 구분이 큰 의미가 없지요. "너만 알고 있어", "너만 봐, 알았지?"가 안 통하는 곳이 인터넷 같습니다. 여러분의 트위터 구독자가 15명밖에 안 된다 할지라도, 여러분의 블로그 방문자가 150명 정도라 해도, 글을 올리면 150만 명이 읽을 수도 있다고 가정해야 합니다.

그렇지만 지레 겁을 먹을 필요는 없습니다. 우리는 좋은 표현의 원칙을 충분히 익혔기 때문입니다. 섣불리 판단하지 말고 판단 근거를 충실히 표현하려고 노력하면 됩니다. 감정 판단은 조금 미루고, 판단에 이르게 된 근거나 정황을 먼저 보여주면 쓸데없는 오해

같은 것이 생기지 않습니다. 나중에 문제가 될 이유도 없겠지요. 어떤 영화를 비판할 때도 영화 전체를 비난하기보다는 특정 장면이나 특정 인물에 관해 근거를 들어 구체적으로 비판하면, 인신공격 같은 불필요한 논쟁도 생기지 않고 토론의 질도 높아질 겁니다. 안타깝게도 '혐오'는 인터넷 시대를 사는 우리의 '키워드'가 되어 버렸습니다. 다른 사람의 말이나 글, 행동에 대해 호의적으로 반응하기보다는 적대적으로 공격하는 사람들이 훨씬 더 많아졌지요. 서로 얼굴을 마주 보지 않아도 되는 의사소통 채널인 인터넷에서는 그 혐오가 더 극단적인 용어와 표현으로 드러납니다. 인터넷에 한 번 적은 글은 쉽게 사라지지 않습니다. 인터넷 검색 업체들은 엄청난 데이터를 실시간으로 수집하여 서버에 저장해 두기 때문에 우리가 지운다고 해서 그 흔적까지 완전히 없애기는 어렵습니다. 또 우리가 글을 지워도 이미 누군가에 의해 퍼져 나간 글까지 모두 삭제할 수는 없기 때문입니다.

저는 『블로그 시대의 글쓰기』와 『디지털 시대의 글쓰기』라는 책을 썼습니다. 이 두 책에서 강조한 공통 주제는 인터넷 글쓰기에서 중요한 것이 '정확한 출처'라는 점입니다. '유엔이 선정한 2006년도 최고의 시' 후보로 이런 작품이 올라왔었다고 합니다. "나는 태어날 때도 검고 아플 때도 검고 죽을 때도 검다. 당신네 백인들은 태어날 때는 분홍빛이었다가 아플 때는 푸르스름해지고…… 죽을 때는 잿빛이다. 그런데 우리더러 유색 인종이라고?" 어느 아프리카 소년이 지었다는 이 시에 수많은 SNS 사용자들이 열렬한 호응을 보냈습니다. 그런데 유엔이 그해의 최고 시를 뽑는다는 점이 좀 이상하지 않나요? 무슨 세계문학협회도 아니고 말이지요. 확인해 보니 이 구절은 1990년대에 활동한 어느 흑인 가수가 부른 노래의 가사더군요. 유엔이 그해 최고 시로 선정했다는 것도, 아프리카 소년이 썼다는 이야기도 모두 거짓이었습니다.

그런가 하면 2013년 12월 말에 '유엔 사무총장 송년사'라는 글이 카카오톡, 트위터, 페이스북, 인스타그램 등에 널리 퍼진 적이 있습니다. "건물은 높아졌지만 인격은 더 작아졌고, 고속 도로는 넓어졌지만 시야는 더 좁아졌다."라고 시작하는 이 글은 해를 넘긴 다음에는 "유엔 사무총장 신년사"라고 제목이 바뀌며 다시 여러 온라인 공간에 퍼졌습니다. 그런데 다 거짓 정보였습니다. 얼마나 널리 퍼졌는지, 유엔 사무총장 공관에서 허위 정보라며 공식적으로 성명을 발표할 정도였지요.

사람들은 흥미로운 이야기에는 쉽게 귀를 기울이지만 그 이야기가 진짜인지 거짓인지 따지는 일에는 별로 관심이 없는 것 같습니다. 인터넷 글쓰기의 어두운 면은 출처를 따져 묻지 않은 채 흥미로운 이야기에만 치중하는 읽기 태도에서 비롯되고 확장됩니다. 어떤 정보를 인터넷에서 받았을 때 출처가 없다면 다른 이에게 전달하지 마세요. 출처가 의심스럽다면 여러분이 직접 찾아보길 바랍니다.

인터넷은 정보 공유를 실현하는 축복받은 글쓰기 환경이지만, 출처가 정확하지 않은 자료들이 인터넷 공간을 떠도는 것은 정보화 시대에 일어난 커다란 재앙입니다. 인터넷 세상을 바꾸는 건 쉬운 일이 아니겠지요. 그러니 소박하게 우리만큼은 출처가 정확한 정보만 공유하겠다는 태도로 인터넷 매체를 활용합시다. 한 번 더 확인하고 글을 올립시다. 그러면 인터넷 세상은 더 나은 방향으로 조금씩 바뀔 겁니다.

이메일:
용건을 분명하게 전달하자

@

스마트폰이나 SNS 이용이 많아지면서, 이메일을 쓰는 빈도는 예전에 비해 부쩍 낮아진 것 같습니다. 그렇지만 여러분은 앞으로 경험할 협동 과제, 발표, 공적인 업무 등에서 이메일을 다양하게 활용해야 할 것입니다. 이메일 쓰기의 기본기를 미리 익혀 두면 이런 일들을 더 매끄럽게 진행할 수 있겠지요. 이메일은 수신자, 즉 독자가 뚜렷하게 정해져 있다는 점에서 일반적인 인터넷 글쓰기와 구별됩니다. 그래서 더 세심하게 작성해야 하고요.

이메일을 쓸 때는 완결성보다 실용성이 더 중요합니다. 이메일을 쓰는 목적은 오류 없는 완결된 글을 쓰는 것이 아니라 용건을 제대로 전달하는 것이니까요. 용건 전달이라는 실용적인 목적을 꼭 기억하기 바랍니다. 제목, 단어 선택, 문장부호, 이모티콘, 첨부 파일… 이 모든 요소가 목적에 잘 부합해야 합니다.

이메일을 쓰며 가장 먼저 확인해야 할 사항이 있습니다. 수신자 설정입니다. 한 사람에게만 보낼 때는 상관없지만 여러 사람에게 동시에 보내야 할 때는 수신자 설정에도 요령이 필요합니다. 단체 안부 문자를 받으면 대개 쓱 한번 보고 지우곤 하지요. 자기에게만 보낸 것이 아니기 때문에 구체적으로 도움이 될 만한 내용이 없고, 답장을 보내야 할 의무도 없기 때문입니다.

이메일도 마찬가지입니다. 여러 사람에게 동시에 보내기보다는 수신자를 뚜렷하게 정하는 것이 필요합니다. 수행 평가에 도움을 얻으려고 주변 친구들과 지인들 10명에게 이메일을 보냈다고 해 보지요. 그러면 회신이 올까요? 아마도 그 확률은 매우 낮을 겁니다. 그러면 한 사람만 콕 집어서 이메일을 보내면 어떨까요? 답장이 올 확률이 높아지겠지요. 그 차이가 어디에 있을까요? 일본의 학자가 실험을 한 적이 있는데요, 수신자를 1명에서 2명으로 늘리면 답장을 받을 확률이 4분의 1로 떨어졌습니다. 3명이 되면 9분의 1로 떨어지고, 4명이면 16분의 1로 떨어진답니다. 한 사람에게 보낼지 두 사람 이상에게 보낼지, 읽는 사람이 둘 이상일 때 어떤 사람을 수신 목록에 넣고, 어떤 사람을 참조 목록에 넣고, 또 누구를 숨은 참조에 넣을지 잘 구분해서 정해야 합니다. 누가 읽을지 뚜렷해지면 그에 맞춰 의견이나 주장, 질문이나 근거도 뚜렷해지므로 수신자는 되도록 1명으로 정하는 편이 좋겠지요. 여러 사람을 염두에 두고 쓸 때보다는 한 사람만 떠올리면서 쓸 때 더 좋은 글이 나올 겁니다. 목적이 뚜렷한 이메일이 좋은 이메일이기 때문이지요.

이메일은 용건 전달이라는 실용적인 목적이 중요하므로, 제목의 비중이 다른 어떤 글보다 높습니다. 이메일을 받는 사람이 바빠서 본문은 읽지 못하고 제목만 확인한다고 가정해 봅시다. 제목 한 줄만 읽고도 보낸 사람의 의도가 파악된다면 그 이메일은 성공한 이메일입니다. 용건의 종류를 더 뚜렷하게 알리려면 꺾쇠괄호를 사용하여 "〔질문〕"이나 "〔알림〕"처럼 말머리를 달아도 좋겠습니다. 읽는 이가 제목만 보고서도 내용을 알 수 있다면 좋은 제목입니다.

서로 잘 아는 사이일 때에, 본문 내용을 따로 적지 않고 제목만 적은 다음 내용이 없다며 '냉무'라고 덧붙일 때가 있지요. 여기에는 주목할 만한 표현 기술이 숨어 있습니다. 제목에서 할 말을 다 하는 건 아주 효율적인 표현 기술이거든요. 이메일은 매우 실용적인 도구이니 제목에 내용을 압축하여 전달하는 것이 좋습니다. 다음 예를 보지요.

좋지 않은 제목	좋은 제목
안녕하세요	글쓰기 강연 잘 들었습니다. (상계고 학생)
질문 있습니다	〔질문〕 '지양'과 '지향'의 차이
과제	'작문과 화법' 글쓰기 과제 제출 (이강룡)
모임 일정이 정해졌어요	〔알림〕 발표 예비 모임 (9월 30일 18시, 도서관 입구)

왼쪽 표현들과 오른쪽 표현들의 차이가 느껴지지요? 왼쪽 제목들은 내용을 짐작하기 어렵지만 오른쪽 제목들은 내용을 충분히 짐작할 수 있습니다. 독자에게 판단 근거를 잘 보여 주었지요.

본문 작성 원칙도 같습니다. 판단 근거를 많이 보여 주려고 노력하세요. 용건을 잘 전달하려면 읽는 사람이 잘 판단할 수 있도록 글쓴이의 현재 상황을 정확하게 알리는 것이 중요합니다. 뭔가 물어보거나 요청할 때는 자기가 알고 있는 정보라든가 자기 상태를 먼저 밝히는 것이 좋습니다. "자본주의에 관해 설명해 주세요"라고 학생이 갑자기 물어보면 선생님은 대답하기가 꽤 곤란할 겁니다. 학생의 현재 수준을 짐작하기 어려우니까요. "여름방학 때 읽을 만한 책 좀 추천해 주세요"라고 대뜸 묻는 것도 적절하지 않지요. 좋은 질문과 좋지 않은 질문을 비교해 보겠습니다.

좋지 않은 질문	좋은 질문
자본주의가 뭔지 궁금해요.	자본은 이윤을 내려고 투자한 돈이라고 알고 있는데요, '사회간접자본'에는 왜 자본이라는 말이 들어가는지 궁금합니다.
여름방학 때 읽을 만한 책 좀 추천해 주세요.	조지 오웰의 『1984』와 『카탈로니아 찬가』를 재미있게 읽었습니다. 여름방학 때 더 읽을 만한 책을 추천해 주세요.

여기에도 구체성의 원칙이 적용되었습니다. 질문도 구체적이어야 합니다. 그래야 표현력이 높아지거든요. 안부 이메일 하나를 보낼 때도 되도록 감정과 상황을 구체적으로 표현해 보기 바랍니다.

이메일을 전송하기 전에, 이메일을 확인하는 사람의 편의를 한번 더 생각해 봅시다. 가령 상대편 컴퓨터에 아래아한글이 깔려 있지 않은데 hwp 파일을 첨부하여 보낸다면, 그 사람은 내용을 확인하지 못하거나 확인하려고 번거로운 작업을 해야 할 겁니다. 이메일 기본 환경 설정도 확인해 봅시다. 내 사용자 이름이 본명으로 설정되어 있지 않으면, 이메일을 받은 사람의 편지함에는 아이디나 별명만 표시될 수도 있거든요. 이메일을 자주 주고받는 사이가 아니면 설정을 본명으로 바꾸거나, 보낼 때마다 신경을 써서 제목 끝에 자기 이름을 덧붙이는 것이 좋습니다. 독자에게 내용을 잘 전달하려면 보낸 사람이 누군지부터 알려야 하니까요.

요청하거나 부탁하는 이메일을 보내고 답장을 받은 다음에는 감사 인사나 확인 답장을 한 번 더 보내기를 권합니다. 그래야 답장을 보내 준 사람이 의사소통이 완료되었다는 판단을 내릴 수 있으니까요. 이렇게 '주고-받고' 하는 '짝수' 의사소통이 아니라 '주고-받고-주고' 하는 '홀수' 의사소통이 올바른 것 같습니다. 여러분이 시작했다면 여러분이 끝맺기를 바랍니다.

의견-의견-확인

질문-답변-확인

요청-수락-확인

이메일은 독자를 세심하게 살피는 좋은 습관을 들이기에 유용한 도구입니다. 용건에 알맞게 이메일을 잘 보내는 사람은 다른 글도 잘 쓰는 것 같습니다. 주제를 명료하게 표현할 줄 아는 데다 독자를 배려하는 방법도 잘 아는 사람일 테니까요.

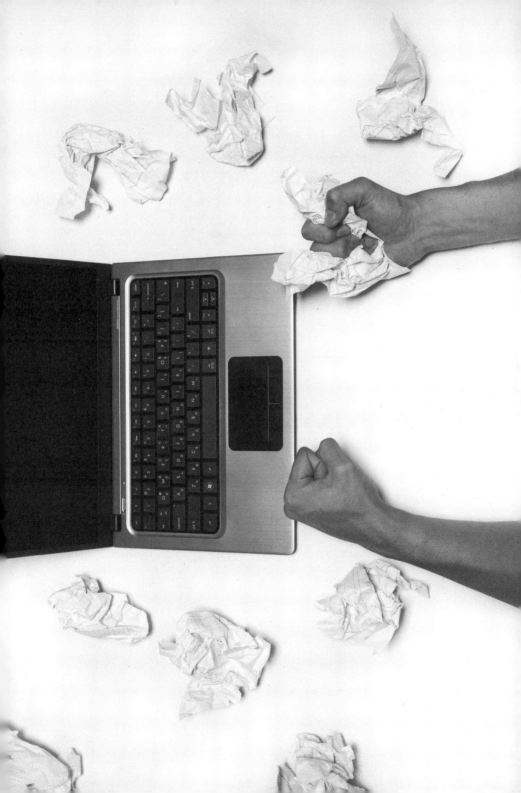

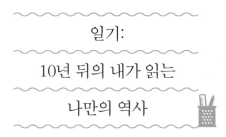

일기:

10년 뒤의 내가 읽는

나만의 역사

글쓴이가 미리 판단하거나 단정하기보다는 독자에게 판단 근거를 충실하게 보여주는 글이 좋은 글이라고 했는데요, 그렇다면 독자가 따로 없는 일기에도 그 원칙이 적용될까요? 물론입니다. 그대로 적용됩니다. 일기에는 독자가 따로 없는 것처럼 보이지만 실제로는 있거든요. 일기의 독자는 미래의 자신입니다. 10년 후 미래의 여러분이 지금 여러분의 상황을 다 기억하지는 못할 겁니다. 이 점을 감안하여 일기를 적는 것이 좋습니다.

시간이 지나서 자기가 쓴 옛날 일기를 들춰 보았을 때 감정 표현이나 판단만 있고 정황이나 근거는 적혀 있지 않다면 과거의 자신과 공감하기 어려울 겁니다. 자기가 예전에 왜 그렇게 적었는지 하나도 모르겠다면 그런 일기는 무용지물이겠지요. 그래서 일기를 쓰는 데도 요령이 필요합니다.

상황이나 경험을 구체적으로 적어 두는 것이 느낌이나 생각을 정리하는 데 도움이 된다고 앞서 말했습니다. 그 차이가 일기 속에서

글의 가치를 높이는 갈래별 글쓰기 요점

는 어떻게 나타나는지 살펴보겠습니다.

평범한 문장	더 나은 문장
오늘 날씨가 참 좋았다.	하늘이 눈부시도록 새파랬고 산들바람이 하루 종일 불어 시원했다.

날씨가 좋았다고만 적지 말고 구체적으로 상황을 남겨 두면 그때 느꼈던 상쾌한 기분이 더 잘 전달될 겁니다. 즐겁다고 적기만 할 게 아니라 그 즐거움을 보여주라고 했던 것 기억하지요? 일기의 내용을 다음처럼 적으면 어떨까요?

오랫동안 기다려 온 히가시노 게이고의 신작 추리소설 『라플라스의 마녀』가 배달되었다. 세 시간 만에 다 읽었다.

이렇게 쓰면 굳이 즐겁다는 말을 쓰지 않더라도 독서의 즐거움이 일기 안에 저장됩니다. 흥미로운 구절 몇 개를 인용해 두면 더욱 좋겠지요. 그러면 나중에 독서 감상문을 쓸 때 일기의 내용이 요긴한 정보가 될 겁니다. 이때 일기는 다른 글의 기초 자료가 되는 셈입니다.

일기에 딱히 정해진 형식이 있는 건 아닙니다. 자유롭게 쓰면 되는데요, 어떻게 시작해야 할지 감이 안 잡힌다면 앞서 배운 개요 짜기 방법을 응용해 보아도 좋겠습니다. 개요를 짤 때 염두에 둘 것이 대표 사례를 뽑는 것과 주제를 이끌어 내는 거라고 했지요? 두 요소중 일기에서 더 중요한 것은 대표 사례입니다. 달리 말해, 그날 경험한 일 중에서 기록해 둘 만한 것을 간추리거나 정하는 일이 아주 큰 비중을 차지합니다. 이 한 가지만 충실하게 실천해도 좋습니다. 다른 항목은 필수가 아니거든요. 그날 있었던 일 중에서 중요한 한 가지를 정해 구체적으로 기록해 둔다면 일기로서 충분히 가치가 있습니다.

세상에서 일어나는 모든 일이 역사로 기록되지는 않듯이, 개인의 역사인 일기 역시 그날 벌어진 일들을 하나부터 열까지 빠짐없이 다루려고 하지 않아도 됩니다. 전부 다룰 수도 없고요. 그래서 취사선택이 중요합니다. 초등학생들의 일기를 보면 아침에 일어나서부터 잠자리에 들기 전까지 일어난 일들을 쭉 나열하는 경우가 많지요? 별로 좋은 방식이 아닙니다. 이것저것 다 적어야 한다는 생각부터 버려야 합니다. 사실 일기는 분량이 중요한 것도 아니니까요. 좋은 일기는 잘 간추린 기록입니다. 가장 인상적인 한 가지 이야기만 적어도 충분하지요.

2016년 3월 12일

유튜브 중계로 이세돌 9단과 알파고의 세 번째 대국을 보았다. 이세돌 9단이 또 졌다. 기자 회견에서 이세돌 9단은 "이세돌이 패배한 것이지 인간이 패배한 것은 아니지 않나, 그렇게 생각을 한번 해 보겠습니다."라고 말했다. 엄청난 부담감을 견디며 끝까지 최선을 다한 이세돌 9단이 위대해 보였다.

이 일기는 2016년 3월 12일에 있었던 일 가운데 글쓴이에게 가장 인상 깊은 사건인 이세돌 9단과 알파고의 바둑 경기에 관해 간단히 기록한 것입니다. 이세돌 9단의 가장 인상적인 말을 직접 인용하여 구체적으로 적었지요. 그렇지만 이렇게 누가 봐도 중요한 사건만 일기의 소재가 되는 건 아닙니다. 다른 사람에게는 중요하지 않을지 몰라도 자신에게만큼은 중요한 사건도 있을 테지요.

예를 들어 어느 날 사촌 오빠의 대학 졸업식에 참석했다면, 이는 매우 특별한 경험이니 그날 일기의 소재로 부족함이 없습니다. 그런데 그런 특별한 사건이 매일 일어나는 건 아니잖아요? 대부분은 전날과 비슷한 평범한 일이 반복되지요. 그런 평범한 일상도 조금만 더 자세히 관찰하면 특별한 것이 보입니다. 예를 들어, 된장찌개를 먹거나 고등어구이를 먹은 일은 그다지 특별할 게 없지만, 새로 먹어 본 콩비지찌개나 메로구이는 특별한 것이므로 일기의 소재가 됩니다. 지금까지 겪어 보지 않았던 것을 처음으로 경험했다면 아무리 사소한 것이라도 일기에 적을 만한 가치가 있지요. 처음 본 텔레비전 프로그램, 새로 만난 사람, 새롭게 알거나 깨달은 사실, 처음 들어 본 말… 이런 것들 모두 그날 일기 내용의 대표 사례가 될 만합니다.

그날 경험에 대해 간략히 의견을 덧붙여도 좋습니다. 의견이나 판단만 적는 것은 좋지 않지만, 구체적인 사실이나 상황을 적은 다음에 의견이나 판단을 덧붙이는 건 괜찮습니다. 그다음에는 과거 경험에서 관련된 사례를 찾아봅시다. 일기를 쓸 때 여러분이 알아야 할 중요한 사실이 있는데요, 일기는 오늘 벌어진 일만을 기록하는 글이 아닙니다. 일기는 오늘 일어난 일을 계기로, 예전에 있었던 일까지 돌아보는 글입니다. 가령 사촌 오빠의 졸업식에 다녀온 경험을 쓴다면, 그것과 연관성이 있는 예전 일들을 떠올려 보는 겁니다. 그러면 사촌 언니의 졸업식이 떠오를 수도 있고, 아니면 사촌 오빠가 예전에 사 주었던 선물이나 자신에게 들려주었던 충고 같은 게 떠오를 수도 있겠지요. 그런 점을 덧붙이면 일기 내용이 더 풍부해집니다. 과거와 현재의 연관성을 찾아내세요.

『일성록』은 정조 이후 조선 왕들의 일기장입니다. 정조가 남긴 1760년 5월 16일의 일기에는 "이때 내가 감기가 들어 6월 3일까지 공부를 쉬었다"라는 구절이 있습니다. 어, 그런데 좀 이상하지 않나요? 날짜 순서가 말이에요. 5월 16일 일기에 미래인 6월 3일의 일이 쓰여 있다니 어색하잖아요. 정조가 왕이 된 때는 1760년에서 16년이 더 지난 1776년입니다. 저 일기의 작성일인 1760년 5월 16일은 정조가 아홉 살 때이지요. 『일성록』에 '이때'라는 말이 더러 들어가는 것은, 정조가 왕이 된 다음 일기를 적을 때 어린 시절 일기까지 간추려 실었기 때문입니다.

초등학생 때 남긴 일기 중에 기록할 만한 가치가 있는 내용을 나중에 다시 간추려 적는 것도 좋은 일기가 될 수 있습니다. 2017년 3월 26일 일기를 적으면서 2016년 3월 26일 일기를 다시 펼쳐보고 3년 전, 5년 전 3월 26일 기록도 들춰 보는 사람은 시간이 흐를수록 더 나은 일기, 더 나은 글을 쓰게 되겠지요.

글의 가치를 높이는 갈래별 글쓰기 요점

주제 일기의 종류	
웹툰으로 기록한 일상	중요한 사건을 기록하며 낙서처럼 일러스트를 곁들임
아기와 나	일주일에 한 번씩 만나는 세 살배기 귀여운 조카 호영이의 커 가는 모습과 호영이가 했던 말들을 적어 둠
주간 '발굴 아이돌'	국내외 아이돌 가수 중 주목받지 못한 '숨은 보석'을 찾아 소개
고양이와 지내기	고양이를 키우며 생기는 소소한 일을 적어 둠
오늘 먹은 요리	새로 먹은 요리 소개, 조리법, 좋은 식당 추천, 간식 만들기 등으로 구성
예능 프로그램의 매력	그날 본 예능 프로그램 분석하기, 외국 사례와 비교해 보기, 인상적인 장면 갈무리해 두기
내가 뽑은 스포츠 명장면	최고 기량을 펼친 선수의 경기 기록, 스포츠맨 정신을 보여 주는 장면 등을 기록함

개요를 짜면서 '특정 주제'로 쓰는 글과 '자유 주제'로 쓰는 글을 구분했지요? 보통 일기는 자유 주제 글쓰기에 해당하지만, 꾸준히 살펴보고 싶은 분야가 있다면 '특정 주제'를 잡고 일기를 써 보는 것도 좋습니다. 앞서 '인터넷 글쓰기'에서 인스타그램을 '주제 일기'로 써도 좋을 것 같다고 적었는데요, 아날로그 도구든 디지털 도구든 여러분이 표현하고자 하는 내용을 가장 잘 기록해 둘 수 있는 도구를 스스로 선택하여 꾸준히 써 나가면 됩니다. 저는 독서 노트를 일기장 대용으로 씁니다. (거의 매일 무언가를 읽

기 때문에 이렇게 해도 괜찮겠더라고요.) 그날 읽은 책의 주요 구절을 옮겨 적고, 나중에 그 일부를 간추려서 블로그에 다시 정리합니다. 즉 제 일기는 독서 기록을 주로 다루는 '주제 일기'입니다.

주제 일기라고 해서 항상 한 가지 주제만 다루라는 것이 아니라, 그 주제를 중심에 두고 쓰면서 다른 주제를 양념처럼 곁들이라는 말입니다. 제 일기는 대체로 독서 기록으로 채워지지만, 영화 이야기나 다른 일상을 쓸 때도 있고, 그림 낙서를 곁들이기도 합니다. 여러 이야기를 쓰긴 하지만 그래도 중심은 여전히 책이지요. 다음처럼 자기 관심사에 맞춰 일기의 범주를 정하면 그게 주제 일기입니다.

저는 독서 일기 외에 육아 일기도 씁니다. 육아 전반에 관해 쓰는 것이 아니라 범주를 좁혀서 제 관심사에 맞는 내용만 적지요. 제 육아 일기는 아이가 새로 배우고 새로 사용하는 언어 표현에 관한 기록만 있습니다. 일기장을 펴서 확인해 보니, 다섯 살인 제 아들이 2016년 6월 24일에 '방향'이라는 표현을 처음 썼더군요. 5월 20일에는 '양명테이프'라는 말을 썼네요. 아이에게는 '양면'이 아니라 '양명'이라고 들렸나 봅니다. 일기는 기록물이라서 각색하지 않고 아이가 쓴 표현 그대로 적어 두었습니다. 저는 이 일기를 작성하는 일이 무척 즐겁습니다. 한국어 글쓰기 교사인 제가, 한 아이의 한국어 표현 배우기 과정을 관찰할 수 있으니 매우 흥미롭거든요. 무엇보다 그 아이가 사랑하는 제 아들이니까요.

새 전문가인 정다미 씨는 고등학생 때 '새 박사'라는 별명으로 불렸습니다. 일산대진고등학교를 다닐 때 고양시 인근 공릉천에 찾아오는 철새를 연구하여 논문을 발표하기도 했지요. 이화여대 생명과학부에 재학하고 있던 2013년도에는 '대한민국인재상'을 받았습니다. 정다미 씨는 '주제 일기'를 잘 실천한 좋은 사례입니다. 초등학생 때는 동물 일기를 매주 썼고, 중학생 때는 새 일기를 썼고, 고등학생 때는 철새 일기를 썼습니다. 일관성을 유지하면서, 관심 분야와 연구 범주를 조금씩 좁혀 가면서 전문성을 높였지요. 새를 사랑하기에 가능한 일입니다.

주제 일기에 도전해 보세요. 여러분이 오래도록 관심을 기울일 수 있을 만한 주제를 정하는 게 아주 중요합니다. 자랑하기 위한 게 아니니 솔직하게 정합시다. 꾸준히 실천할 수 있다면 미래에 나만의 소중한 자산이 될 겁니다.

독서 감상문:
줄거리 나열은 이제 그만

    일기가 그날 겪은 일을 순서대로 낱낱이 적는 글이 아니듯, 독서 감상문도 작품 줄거리를 일일이 소개하는 글이 아닙니다. 학생들의 독서 감상문 대부분은 줄거리 나열로 채워지다가 마지막에 간략한 의견이 슬쩍 덧붙으며 끝납니다. 초등학생의 일기가 대개 기상부터 취침까지 일어난 일을 모두 나열한 다음 '공부 열심히 해야겠다'라든지 '엄마 말씀 잘 들어야겠다'로 끝나는 것처럼 말이지요. 그러면 평범한 수준을 벗어나기가 어렵습니다.

    조금 더 낫게 쓰려면 줄거리 나열을 피하고 중요한 대목을 골라낼 줄 알아야 합니다. 어느 대목이 중요한지 어떻게 아느냐고요? 여러분이 중요하다고 판단한 대목이 중요한 대목입니다. 다른 사람을 신경 쓸 이유가 없지요. 스포츠 기사를 보면 경기 전체 내용을 자세히 전달하는 기사 말고도 그 경기에서 가장 인상적인 장면만 부각하여 소개하는 경우도 많잖아요. 그런 인상적인 장면을 취사선택하는 데는 기자의 주관이 많이 들어갑니다. 객관적인 글이라고 해서

글의 가치를 높이는 갈래별 글쓰기 요점

다 좋고 주관적인 글이라고 해서 다 나쁜 게 아닙니다. 독서 감상문 역시 책의 일부만 주관적으로 다루어도 전달하고자 하는 메시지를 잘 표현하면 되는 겁니다.

우리가 쓰는 독서 감상문은 대체로 써야 할 분량이 정해져 있기 때문에 책 내용을 다 소개하기도 어려울뿐더러 그럴 필요도 없습니다. 그렇다면 어떻게 접근하면 좋을까요. 개요를 먼저 짜 보겠습니다.

개요를 짤 때 해야 할 일이 주제를 좁히는 것과, 대표적인 사례를 찾는 거라고 했지요. 이것저것 모아서 결과물을 만드는 개미 같은 귀납적 글쓰기와, 거미가 몸에서 줄을 뽑아내듯 전개하는 연역적 글쓰기에 관해서도 익혔습니다. 책을 다 읽고서도 감상문 주제가 잘 잡히지 않는다면 귀납적으로 사례들을 열거해 가며 주제를 찾아 보면 됩니다. 작품을 다 읽고 어렴풋하게나마 주제가 잡힌다면 연역적으로 사례를 찾아 가면서 개요를 짜면 되고요.

귀납적 개요 순서	연역적 개요 순서
대표 사례	넓은 주제(제시 주제)
관련 사례	좁은 주제
	대표 사례
주제	관련 사례

한마디로, 독서 감상문은 주제 연관성을 보여주는 글입니다. 이 점을 잘 기억해야 합니다. 주제를 잘 드러내는 결정적인 한 구절을 찾아내는 것이 중요하고, 아주 긴밀한 관련을 맺는 다른 구절과 연

관을 짓는 것이 그다음으로 중요합니다.

『에밀』은 저자인 루소가 이상적인 교사로 등장하여 에밀이라는 소년을 이상적으로 교육하는 과정을 보여주는 소설입니다. 이 작품을 읽고 감상문을 쓴다고 가정해 보겠습니다. 귀납적 방식으로 써 보기로 하지요. 일단 읽으면서 밑줄을 쳐 두었다든지 인상 깊었던 구절을 하나 골라 봅니다. 예를 들어 "시간을 낭비하라"라는 구절은 우리의 일반적인 생각과 다른 것이라서 독자의 흥미를 불러일으킬 수 있지요.

시간을 낭비하라는 말은 빈둥거리라는 뜻이 아니라, 책이나 이론으로만 지식을 쌓으려 하지 말고 시간을 들여서 몸으로 확인해 보라는 조언입니다. 호랑이에 관해 궁금할 때 동물 도감으로만 알려고 할 게 아니라 동물원이나 사파리에 가서 확인해 보라는 것이지요. 책으로 배우는 것이 시간은 훨씬 적게 들겠지만 직접 확인하고 아는 것이 더 값지지 않겠어요? 이 한 대목에서 루소의 교육관을 넌지시 짐작할 수 있습니다.

이제 책을 다시 훑어보면서 앞서 찾아낸 교육관이 뚜렷이 드러난 다른 대목을 찾아보세요. 그러면 "기호보다 실물을 보여 주어라"라든지 "자연이 스승이다" 같은 구절이 눈에 들어올 겁니다. 어때요, 서로 주제가 통하지요? 이 두 사례에서 "인위적인 것을 줄이고 본성에 따라 교육하라"라는 독서 감상문 주제를 이끌어 낼 수 있겠습니다.

글의 가치를 높이는 갈래별 글쓰기 요점

개요	예시
대표 사례	"시간을 낭비하라."
관련 사례	"기호보다 실물을 보여 주어라." "자연이 스승이다."
주제	인위적인 것을 줄이고 본성에 따라 교육하라.

주제 연관성이 드러난 대목들을 잘 엮으면서 자기 의견을 적절히 덧붙이면 좋은 감상문이 됩니다. 다음은 감상문의 앞부분입니다.

『에밀』은 에밀이라는 소년이 이상적인 교육을 받고 훌륭한 청년으로 성장하는 이야기다. 루소는 이 책에서 사람들에게 '자연으로 돌아가자'고 주장했다. 자연으로 돌아가라는 말은 산과 들로 가서 살라는 것이 아니라, 잃어버린 선한 본성을 되찾자는 말이다. 우리가 어린아이일 때 지녔던 순수한 마음을 오래도록 잃지 않는다면 우리의 본성도 훼손되지 않을 것이라고 루소는 말한다. 에밀이라는 소년이 순수한 본성을 지닌 채 올바로 성장할 수 있도록 하려면 어떤 교육이 필요할까? 시간을 낭비하는 교육이 필요하다. 시간을 낭비하는 교육이란, 예를 들면 (…)

어떤 방식으로 글의 방향을 잡고 살을 덧붙여 가는지 알 수 있지요? 이번에는 존 스타인벡이 지은 소설 『분노의 포도』를 읽고 쓸 만한 감상문을 머릿속으로 짜 보겠습니다. 인상적인 대사를 하나 뽑아낸 다음, 연관성 있는 다른 대사를 찾아보았습니다.

개요	예시
대표 사례	"소작인들이 다 사라지고 있어요. 트랙터 한 대면 열 가구가 쫓겨납니다."
관련 사례	"이건 은행이 시킨 겁니다. 은행은 사람보다 강해요. 괴물이라고요."
주제	대량 생산과 효율성에 희생된 농민들의 삶

머릿속에 대강 스케치가 떠오르면 본문 작업을 착수합니다. 제목도 미리 써 보기 바랍니다. 물론 본문을 다 쓰고 나면 처음 지었던 제목에서 고칠 부분이 보일 겁니다. 제목을 지을 때도 주제 연관성을 잊으면 안 됩니다. 주제가 잘 드러나도록 명료하게 작성하세요.

좋지 않은 제목	더 나은 제목
『리틀 브라더』를 읽고	『리틀 브라더』의 유쾌한 디스토피아
『기억 전달자』에 매료되다	잃어버린 감정을 찾아가는 『기억 전달자』
『죽은 시인의 사회』의 키팅 선생님	'지금 여기'의 중요성을 알려 준 키팅 선생님
'로빈슨 크루소'에게서 배운 점	'로빈슨 크루소'는 자원을 어떻게 관리했을까

줄거리를 소개해야 한다는 강박에서 벗어나세요. 줄거리 소개는 독서 감상문의 필수 요소가 아닙니다. 굳이 줄거리를 다루고 싶다면 한 문장 정도로만 간략하게 소개하는 것이 좋겠습니다. 독자도 해당 작품을 다 읽었다고 간주하고 글을 시작합시다. 그래야 더 참신하고 흥미로운 내용으로 곧장 들어갈 수 있어요.

줄거리 소개로 시작하는 평범한 도입	핵심 내용을 전달하는 더 나은 도입
이 소설의 배경은 미국의 1930년대다. 1930년대가 되면서 미국 중부의 넓은 평원은 모래 폭풍 때문에 황폐해지기 시작한다. 미국 중부의 오클라호마 농지는 점점 메말라 간다. 농민들은 애타게 비를 기다리지만 비는 오지 않는다. 그리고 모래 폭풍은 더 거세진다. 주인공 톰 조드는 실수로 사람을 죽인다. 그리고 그 죄로 감옥에서 수년간 복역한다. 시간이 지나 드디어 출소를 하게 되고 고향으로 돌아오는 길에 트럭을 얻어 탄다. 그리고 예전에 잘 알고 지내던 짐 케이시 목사를 만나서 이런 저런 고향 소식을 전해 듣는다. 그는 이제 목사 일을 그만두었다고 한다. 고향으로 돌아온 톰은 (…)	『분노의 포도』는 포도송이처럼 영글어 가는 농민들의 분노가 표출된 작품이다. 대공황의 여파로 삶의 터전을 잃고 방랑하던 조드 일가는 가까스로 캘리포니아에 정착하지만, 부족한 일자리와 턱없이 낮은 임금 탓에 식구들은 하루 한 끼도 제대로 먹지 못한다. 농산물 회사는 가격을 조절하려고 산더미처럼 쌓인 오렌지를 그냥 불태운다. 하루 종일 아무것도 먹지 못한 노동자들의 눈망울에 불길이 비쳐 이글거린다. 분노가 서린 포도송이들을 수확할 때가 다가온다. (…)

  독서 감상문을 더 풍부하게 만드는 데 앞서 공부한 연관성 찾기가 도움이 될 겁니다. 글의 독창성을 높이려면 다양한 방법으로 주제 연관성을 궁리해 보아야 하지요. 아래 방법들 중 하나를 골라 연습해 보기 바랍니다.

- 작품 속 여러 장면들 간 연관성 찾기

- 작품과 저자가 살았던 시대의 연관성 찾기

- 같은 저자의 다른 작품과 연관성 찾기

- 다른 저자의 사상이나 작품과 연관성 찾기
- 독자의 현재 상황과 연관성 찾기

주어진 분량에 맞추어 앞서 제시된 방법들 중 하나를 택해도 좋고, 둘 이상을 택해도 좋습니다. 내용의 연관성을 어느 정도 파악했다면, 작가가 어느 시대에 살았고 어떤 세계관을 지녔는지 조사해 봅시다. 즉 시대적 맥락을 파악해 보는 겁니다. 1920년대 후반 미국에서 시작되어 전 세계로 확대된 대공황에 관해 조사한 다음 읽으면 『분노의 포도』를 더 잘 이해할 수 있지요. 오랫동안 대를 이어 농사를 지어 왔는데 갑자기 땅 주인이 바뀌었다며 떠나라고 하면 가난한 농민들은 억장이 무너질 겁니다. 농민들의 심정을 잘 대변한 작가가 바로 존 스타인벡입니다.

작가의 다른 작품과 연관성을 찾아봐도 좋습니다. 『아메리카와 아메리카인』 같은 존 스타인벡의 다른 작품을 참조하며 연관되는 구절을 찾을 수 있겠지요. 앞서 언급한 『에밀』의 저자인 루소는 인류 역사에서 사유 재산 개념이 정립될 무렵에 바로 인간 본성이 훼손되기 시작했다고 보았습니다. 이 기원을 밝힌 책이 『인간 불평등 기원론』이지요. 『에밀』을 읽고 쓴 독서 감상문도 많고 『인간 불평등 기원론』에 관한 감상문도 많지만 이 둘을 함께 다룬 글은 많지 않을 겁니다. 비교 가능한 것들 사이에서 연관성을 찾아내는 건 글에 독창성을 부여하는 좋은 방법입니다.

『에밀』에는 이런 구절도 나옵니다. "여러분이 공공 교육의 이념에 관해서 알고자 한다면 플라톤의 『국가』를 읽으라. 이보다 훌륭한 교육론은 아직 나오지 않았다.” 그러면 교육이라는 주제로 『에밀』과 『국가』를 연관 지어도 괜찮겠지요? 읽기 어려우면 해설서들을 참조해도 좋고요.

서로 다른 시대를 살아간 저자의 전혀 다른 작품이라 해도 연관성이 있다면 함께 언급해도 좋습니다. 참신한 감상문을 쓰는 좋은 방법이지요. 토머스 모어의 『유토피아』는 청소년 권장 도서 목록에 자주 오르는 책입니다. 이 작품을 시대 상황과 무관하게 읽으면 현실과 동떨어진 지루한 판타지소설에 불과하지만 모어가 왜 이런 작품을 썼는지 시대 상황을 살펴보면서 읽으면 훨씬 재미있습니다. 그의 세계관을 알 수 있거든요.

1500년대 영국에는 소규모 농지들이 줄어드는 한편 대규모 목초지는 늘어나고 있었습니다. 누구든 함께 이용할 수 있던 공유지는 모두 개인 소유가 되었지요. 땅 주인들은 인건비가 많이 들고 돈이 안 되는 농업 대신 일꾼을 적게 부려도 되는 데다 이윤도 많이 남는 양모 산업을 선택했습니다. 농민들은 삶의 터전을 잃고 굶어 죽거나 거지가 되었습니다. 일부는 도시로 가서 양모 가공 공장의 저임금 노동자가 되었지요. 『유토피아』에 나오는 “순하디 순한 양들이 이제 농민들을 잡아먹는다”라는 구절에는 그런 시대적 상황이 깔려 있습니다. 『분노의 포도』에 대한 독서 감상문을 쓸 때 『유토피아』에 나오는 이 내용을 함께 언급해도 좋겠네요. 시대 배경도 작가도 다르지만 주제가 연관되어 있으니까요.

끝으로 해당 작품의 주제와 내용을 우리가 사는 현실 세계와 연관 짓는 방법도 있습니다. 『분노의 포도』를 읽고 우리 사회의 양극화 현상이라든지, 비정규직 문제, 대기업의 문어발식 확장 같은 요즘 벌어지는 사회 문제와 비교하여 설명해 보는 겁니다.

책에서 어떤 대목을 중요하게 다룰지는 글쓰는 사람이 선택할 몫입니다. 그렇지만 자유롭게 선택했더라도 일단 소재들이 정해지면 그것들 사이에는 반드시 뚜렷한 연관성이 있어야 합니다. 독서 감상문 쓰기는 한마디로 끊임없이 연관성을 찾는 과정이라고 요약할 수 있지요. 연관성을 찾아냈다는 건 작품을 자기 방식대로 훌륭하게 읽어 냈다는 것을 의미합니다.

영화 감상문:
결정적 장면을 찾아내자

영화 감상문을 쓸 때도 독서 감상문 쓰는 요령 대부분을 그대로 가져오면 됩니다. 주제 연관성 찾기는 여전히 중요하기에 주제를 잘 드러내는 몇 장면과 대사 몇 개를 뽑아 개연성 있게 배열하는 것만으로도 괜찮은 감상문 한 편을 쓸 수 있지요. 영화 역시 줄거리 소개는 간략하게 한두 문장으로만 요약하는 게 좋습니다. 여러분이 써야 할 글은 '영화 소개문'이 아니라 '영화 감상문'이니까요. 줄거리 소개로 지면을 낭비하지 맙시다.

독서 감상문과 마찬가지로 영화 감상문을 쓸 때도 대표 사례 찾기로 시작하세요. 결정적인 한 장면이나 대사 하나를 찾아내는 거지요. 영화를 소개하는 텔레비전 프로그램을 보면 잘 알려진 장면들을 보여 주기보다는, 영화의 주제를 잘 드러내는 의외의 장면들을 자주 소개하는데요, 그것을 참조해도 좋겠습니다.

영화 한 편을 보고 감상문 쓰는 연습을 해 봅시다. 저는 「그래비티」라는 영화를 골랐습니다. 「그래비티」는 사고로 우주왕복선이 파괴된 상황에서, 여러 난관을 극복하고 지구로 귀환하는 우주비행사의 이야기를 다루었습니다. 영화를 본 사람마다 인상적이었던 장면이 다를 텐데요, 저는 과학 문명의 상징인 우주왕복선이 모두 파괴되고 스톤 박사(샌드라 불럭)와 코왈스키 대원(조지 클루니) 둘만 살아남았을 때, 우주 공간에 떠 있는 두 사람 뒤로 이집트의 나일 강 일대와 메소포타미아 지역이 펼쳐지는 장면이 무척 인상 깊었습니다. 제가 역사에 관심이 많아서 그런 장면이 유독 기억에 남았는지도 모르겠네요. 첨단 문명의 파괴와 고대 문명의 탄생이 뚜렷하게 대비되는 것 같더군요. 아무것도 없는 상태에서 새로 시작해야 함을 시사하는 이 장면이 제게는 「그래비티」의 '결정적 장면'입니다.

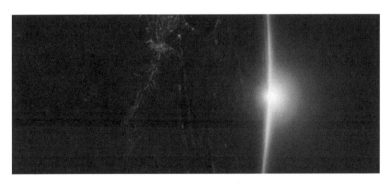

「그래비티」의 한 장면. 화면 중앙에 환하게 빛나는 지역이 나일 강 하류입니다.

다음으로는 관련 사례를 찾아보면 됩니다. 이 영화는 지구에 도착한 스톤 박사가 물에서 기어 나와 흙을 디디며 일어서는 장면으로 끝납니다. 이 모습은 수생 생물이 육상 생물로 진화하는 과정이라든지, 인류 진화 과정의 중요한 계기인 '직립 보행'을 상징하는 것 같기도 하지요. 이 두 장면만 묶어서 서술해도 영화 감상문의 기본 뼈대는 세울 수 있을 겁니다. 글쓰기 과정이 대부분 비슷하지요?

  연관된 것들을 찾고 주제까지 떠올렸다면 그다음으로는 제목을 잘 지어야겠죠. 독서 감상문이든 영화 감상문이든, 제목을 제대로 다는 학생이 매우 드뭅니다. "영화 「명량」을 보고" 같은 식으로 별 의미 없이 제목을 다는 학생들이 무척 많지요. 심지어 "메가박스에 다녀와서"라고 제목을 붙이는 학생도 있더군요. 제목의 역할은 주제 암시입니다. 주제 연관성을 반영하면서 흥미를 유발하도록 하면 더 좋겠지요. 평범한 제목과 좋은 제목을 비교해 보겠습니다.

평범한 제목	더 나은 제목
「행복한 사전」을 보고	'오른쪽'을 정의해 보세요
환경 다큐멘터리 감상문	쓸모없는 쓰레기의 쓸모
성평등에 관한 영화 한 편	남자는 태권도, 여자는 핑크 인형
아폴로13호의 모험	아폴로13호의 성공적인 실패

  사전 만드는 사람들의 이야기를 담은 영화 「행복한 사전」에는 사전에 '오른쪽'이라는 개념을 어떻게 정의하여 수록할지 편집부원들이 토론하는 장면이 나옵니다. 시계를 보았을 때 1부터 5까지의 숫자가 있는 쪽, 아라비아 숫자 '10'에서 숫자 '0'에 해당하는 쪽, 서쪽을 바라보았을 때 북쪽에 해당하는 방향…. 한 가지 새로운 개념

을 정의하려면 이렇게 기존에 우리가 아는 개념들을 동원해 오류 없이 설명해 내야 합니다. 그런 작업을 수십만 번이나 해야 하는 일이 사전 편찬이지요.

이 영화는 관객에게 사전 편찬자의 노고, 집념, 성실함 등을 전달하고자 노력합니다. 그 메시지 중 하나를 파악하는 것이 영화 감상문이 이루어야 할 목표입니다. 그렇다면 「행복한 사전」을 보고"처럼 평범하게 접근하기보다는 주제가 암시될 수 있도록 제목을 다는 것이 좋겠지요. 주인공 이름이 '마지메'인데요, 일본어 '마지메'는 '성실함'이라는 뜻을 지녔습니다. 주제와도 연관되지요? 그렇다면 "성실 군 마지메"라고 감상문 제목을 정해 보면 어떨까요.

여러분의 영화 감상문을 읽게 될 독자는 글쓴이보다는 영화 자체에 관심이 있을 겁니다. 영화와 직접 관련이 없는 여러분의 사적인 이야기를 길게 늘어놓는 것은 별로 도움이 안 되지요. 다음처럼 시작하는 영화 감상문을 읽어 보세요. 어떤가요?

오늘 학교에서 단체로 CGV에 영화 관람을 갔다.

영화 주제와 상관없는 이야기로 시작하니까 호기심이 일지 않지요? 다음처럼 도입부를 적은 학생도 있더군요.

3교시 기술가정 시간이 끝나고 점심을 먹고 나서 12시 20분에 메가박스로 가는 3호차 버스에 탔다. 백석역에 내려 홈플러스 건물로 들어가 5층 메가박스 2관으로 입장해 세 번째 줄에 앉았다. 핸드폰 예절에 관한 홍보 영상이 나왔다.

구체적으로 표현한 것은 일단 칭찬해 주고 싶습니다. 그런데 좀 아쉽습니다. 구체성이 쓸모가 있으려면 표현하고자 하는 주제와 부합해야 하거든요, 그래야 문장의 유기적 관계를 실현할 수 있지요. 앞의 문장들은 영화 주제와 관련이 없기 때문에 독자에게 아무런 정보도 아무런 감흥도 줄 수 없습니다. '전철을 타고 메가박스에 갔다', '친구와 일산CGV에서 영화를 보았다'처럼 주제와 무관한 이야기로 감상문을 시작하면 흥미를 떨어뜨리니 조심해야 합니다.

세계에서 가장 유명한 도로 사이클 경주 대회인 '뚜르 드 프랑스'에 출전한 한국인 젊은이가 있습니다. 이 젊은이는 항암 치료를 받고 있는 상태인데도 이 대회에 도전했지요. 「뚜르, 잊혀진 꿈의 기억」은 그 과정을 담은 다큐멘터리 영화입니다. 한 고등학생이 이 영화를 보고 감상문을 썼는데요, 첫 문장이 다음과 같습니다.

눈앞에 웅장한 피레네 산맥과 협곡이 펼쳐진다. 뿌연 안개 사이로 자전거 체인 감는 소리가 희미하게 들린다.

영화와 무관한 개인적인 이야기를 빼고, 영화 속으로 바로 들어가니까 도입이 강렬하고 좋지요?

다른 사례를 하나 더 살펴보겠습니다. 「랜드필 하모니」를 보고 적은 어느 학생의 감상문 첫 문장입니다.

산더미처럼 쌓인 쓰레기 위에서 아이들이 뛰논다.

생생하고도 흥미를 끄는 좋은 첫 문장입니다. 그다음 문장은 첫 문장과 내용이나 분위기가 자연스럽게 이어지도록 전개하면 되지요.

산더미처럼 쌓인 쓰레기 위에서 아이들이 뛰논다. 깡통과 플라스틱 기름통이 여기저기 뒹군다. 깡통은 어느새 드럼으로 바뀌고, 기름통은 어느새 첼로 몸통으로 바뀐다.

이쯤에서 영화의 주제를 드러내는 결정적인 장면, 다시 말해 대표 사례를 보여 줍니다.

산더미처럼 쌓인 쓰레기 위에서 아이들이 뛰논다. 깡통과 플라스틱 기름통이 여기저기 뒹군다. 깡통은 어느새 드럼으로 바뀌고, 기름통은 어느새 첼로 몸통으로 바뀐다. 쓰레기였던 것들로 만든 악기를 소년이 연주한다. 바흐의 무반주 첼로 연주곡이 멋지게 흐른다.

이 첫 단락을 읽은 독자는 어떤 이야기가 펼쳐질지 약간 감을 잡습니다. 이제 둘째 단락에서 영화에 관해 간략히 소개를 덧붙이면 좋겠지요. 줄거리를 나열하려 들지 말고 한 문장 정도로만 압축하여 전달해야겠고요.

산더미처럼 쌓인 쓰레기 위에서 아이들이 뛰논다. 깡통과 플라스틱 기름통이 여기저기 뒹군다. 깡통은 어느새 드럼으로 바뀌고, 기름통은 어느새 첼로 몸통으로 바뀐다. 쓰레기였던 것들로 만든 악기를 소년이 연주한다. 바흐의 무반주 첼로 연주곡이 멋지게 흐른다.
「랜드필 하모니」는 쓰레기 매립지에 있는 빈민촌 아이들이 고철과 버려진 물건으로 악기를 만들어 오케스트라를 꾸리는 실제 이야기를 다룬다. 이 다큐멘터리 영화는…

이렇게 전개한 다음에 주제를 잘 드러내는 다른 장면을 이어 붙여 나가면 됩니다. 주제 연관성에만 부합한다면, 영화에 나오지 않은 이야기라 할지라도 과감히 감상문 안에 넣어 봅시다. 예컨대 캔버스 살 돈이 없어서 이미 사용한 캔버스 위에 그림을 덧칠해 그렸던 고흐의 이야기를 덧붙여도 좋겠지요. 그러면 여러분은 이 세상에서 하나뿐인 독창적인 감상문을 쓸 수 있습니다.
독서 감상문 쓰기와 영화 감상문 쓰기는 아주 비슷한데요, 조금 다른 점도 있습니다. 작품에 인물들이 등장하는 건 책과 마찬가지지만, 영화에는 그 인물을 연기하는 배우가 따로 존재합니다. 영화에서 더 중요한 사람은 배우가 아니라 그 배우가 연기한 등장인물이겠지요. 감상문에서 배우 이름을 언급하는 것이 나쁘지는 않지

글의 가치를 높이는 갈래별 글쓰기 요점

만, 극 중 이름으로 써야 할 자리에 배우 이름만 쓰는 건 잘못입니다. 영화 감상문을 쓸 때는 배우 이름을 적어야 할 곳과 등장인물 이름을 적어야 할 곳을 잘 구별해야 합니다.

비권장 표현	권장 표현
「완득이」에서 김윤석이 이렇게 말한다.	「완득이」에서 담임 '똥주'는 완득에게 이렇게 말한다.

영화 「명량」의 주인공은 이순신 장군이지 최민식이 아닙니다. 「완득이」를 보고 쓰는 감상문에서 담임선생님 이야기를 언급하면서 배우 이름만 적으면 곤란합니다. 요즘 연예 기사는 언제부턴가 그렇게 표기하고 있는데, 원래는 잘못입니다. 독자와 공감대를 넓히기 위해 때로 배우 이름까지 적을 경우가 있긴 하지요. 그럴 때는 극 중 이름을 먼저 쓴 다음 괄호를 열고 배우 이름을 덧붙이는 방식이 좋겠습니다.

「마션」은 탐사대원 마크 와트니(맷 데이먼)가 화성에서 홀로 생존 투쟁을 벌이는 이야기다.

「여인의 향기」에서 압권은 프랭크(알 파치노)가 펼친 연설이다.

「스타워즈 5」에 제다이 스승인 요다가 새내기 제다이인 루크 스카이워커를 가르치는 장면이 나옵니다. 요다는 루크에게 정신을 집중하면 포스로 늪에 빠진 전투 비행선을 혼자서도 꺼낼 수 있다고 말합니다. 루크가 "네, 한번 해 볼게요"라고 대답하자 요다가 꾸짖습니다. "아냐, 한번 해 보려고 하면 안 되는 거야. 하는 것과 하지 않는 게 있을 뿐, 해 본다는 건 없어." 꼭 영화 내용이 아니더라도 우리 일상에서도 충분히 이 장면과 연관성 높은 사례를 찾을 수 있겠지요. 작품 내의 연관성에만 얽매일 이유가 없습니다. 연관이 억지스럽지 않고 자연스러우면 되지요. 감상문을 잘 쓰는 비결은 주제 연관성 파악에 담겨 있습니다. 그게 전부라고 해도 틀린 말은 아닙니다.

체험활동 보고문:
가상 체험을 먼저,
진짜 체험은 나중에

　"시간을 낭비하라"라고 했던 루소의 말은 지식을 책으로만 얻으려 하지 말고 경험으로 체득하라는 조언입니다. 체험활동은 학교 밖에서 이루어지는 또 다른 학습 활동입니다. 견학이나 봉사, 직업 체험 등 여러 활동 후에 작성하는 보고문은 일정한 형식에 맞춰 써야 하기 때문에 다른 감상문에 비해 약간 딱딱해질 가능성이 있지요. 그렇지만 형식은 형식일 뿐입니다. 보고문의 질을 평가하는 기준은 형식이 아니라 내용이니까요.

　보고문을 작성할 때도 정보를 잔뜩 담으려고 애쓰기보다는 주제를 구체적으로 정한 다음에, 그 주제에 맞게 적절한 예들만 뽑아서 자연스럽게 연결하는 것이 중요합니다. 대표 사례 들기, 관련 사례 찾기, 연관성 찾기 같은 기본 원칙이 보고문 쓰기에도 그대로 적용됩니다.

　개요를 짤 때나 글을 전개할 때 귀납적으로 접근하는 방식이 있고 연역적으로 접근하는 방식이 있다고 앞서 말했습니다. 체험활동 보고문은 사례들을 찾아 일반화하는 귀납적 방식보다는 주제를 먼저 정하고 개별 사례를 찾아보는 연역적인 방식에 더 적합한 글쓰기입니다. 일단 체험한 다음 인상적이었던 것을 떠올리며 글을 쓰는 방식을 보고문에도 그대로 적용하는 건 조금 위험한 시도 같습니다. 적당한 주제가 떠오르지 않을 때, 책이나 영화는 다시 볼 수 있지만 체험활동은 다시 하기가 무척 어렵거든요. 감상문 쓰기에서 중요한 것이 복습이라면 체험활동 보고문 쓰기에서 중요한 것은 예습입니다. 미리 방향을 잡고 시작해야 한다는 말이지요.

어느 학생이 국립낙동강생물자원관에 다녀오기로 결정했습니다. 보고문 쓰기 전략을 짜 보지요. 가기 전에 해당 홈페이지를 둘러봅니다. 소개란에 이런 문구가 보이네요.

우리가 살고 있는 지구는 선조들에게 물려받은 것이 아니라 후손들에게서 잠시 빌려 쓰고 있는 것이다.

이 문구가 걸려 있는 전시장의 실제 모습을 촬영하여 보고문에 첨부하면 좋을 것 같습니다. 체험활동 전에 세우라고 했던 목표는 거창한 게 아니라 이런 경우를 가리킵니다. 그 다음에는 이 문구에서 전달하고자 하는 메시지를 뚜렷하게 잘 보여 주는 전시물은 뭐가 있을지 조사해 봅니다. '제1전시실 4번 섹션'이 멸종 위기종과 종 다양성을 알려 주는 곳이니 주로 이곳에서 시간을 보내면 좋을 것 같군요. 체험관은 어린이 관람객을 위한 곳인 듯하니 관람 계획에서 아예 뺍니다. 보고문의 개요를 미리 짜면 이렇게 체험활동의 효율성을 높일 수 있습니다. 다음과 같은 개요가 만들어졌군요.

개요	예시
주제	후손들에게 잠시 빌려 쓰는 지구
대표 사례	제1전시실 4번 섹션에서 종 다양성 관련 사례 수집
관련 사례	멸종 위기종 보호 실태 및 방법 조사

개요는 설계도가 아니라 스케치에 가까워서 더 좋은 아이디어가 떠오르면 얼마든지 고칠 수 있다고 했습니다. 과학자들은 이론을 만들기 위해 먼저 가설을 세우고 실험을 하면서 이를 증명하는데요, 실험 결과가 가설과 일치하면 좋겠지만 가설대로 딱 맞아떨어지지 않을 때가 훨씬 많습니다. 그러나 그렇게 빗나간 실험 데이터 역시 이론을 발전시키는 데 크게 도움이 됩니다. 체험활동 보고문의 개요 짜기는 과학자들이 가설을 세우는 것과 비슷합니다. 개요를 짜고 체험활동에 참여하는 것과 무작정 참여하는 것은 차이가 무척 크거든요. 목표를 세우고 참여하면 시간 낭비를 줄일 수 있고, 자료 수집의 효율성도 높일 수 있습니다.

보고문을 작성하며 잊지 말아야 할 점이 또 있습니다. 보고문의 바탕에 객관성이 깔려 있어야 한다는 점입니다. 다음 표현들을 비교해 보면 객관적인 서술인지 아닌지 쉽게 판단할 수 있을 겁니다.

글의 가치를 높이는 갈래별 글쓰기 요점

삼가야 할 표현	더 나은 표현
지난 12월 말에 다녀온…	2016년 12월 29일에 다녀온…
수많은 표본들이 전시돼 있었다.	생물 표본 5천여 점이 전시돼 있었다.
지구에 존재하는 어류 중 반 정도는 민물에 산다고 한다.	지구에 서식하는 2만8천여 종 어류 중 41%가 민물에 산다고 한다.

구체적으로 정확하게 적는 것을 늘 잊지 말아야겠습니다.

전시회를 관람하고 나서 집에 돌아와 나중에 기억을 더듬으며 보고문을 쓰려면, 주제가 잘 떠오르지도 않을뿐더러 연관성을 찾기도 쉽지 않습니다. 그래서 어떤 학생들은 인터넷으로 자료를 찾아서 적당히 간추리고 짜 맞춘 다음 짤막하게 의견을 덧붙여 제출하곤 하더군요. 체험활동 보고문 중 비슷한 글이 많은 것도 이 때문입니다. 조금 더 독창적이고 참신한 보고문을 쓰려면 그 순서를 뒤집어야 합니다. 목표를 먼저 정하자는 것이지요. 물론 앞선 예에서 보았듯 거창한 목표가 아니어도 괜찮습니다.

많은 학생들이 전시장 입구부터 출구까지 각종 안내판이나 설명 문구 등을 스마트폰으로 하나씩 촬영하면서 이동합니다. 그러다가 시간에 쫓겨서 정작 중요한 전시물을 제대로 못 보고 지나치거나, 생생한 느낌을 놓치고 말지요. 그건 체험활동에 참여하면서 미리 목표를 세우지 않았기 때문입니다.

프랑스 루브르 박물관을 관람하기 전에 '모나리자만큼은 반드시 봐야지' 하는 목표를 세우면 어느 때에 가야 가장 여유롭게 작품을 감상할 수 있을지 자세한 계획을 세우기도 좋겠지요. '모나리자를 못 보더라도 밀로의 비너스는 꼭 봐야지'라고 예비 계획을 세워 두어도 좋고요. 로댕 전시회를 가면서 '지옥문의 실제 색감을 유심히 봐야지' 하고 구체적으로 목표를 세운 사람은 다른 이들보다 훨씬 개성 넘치는 보고문을 쓸 수 있겠지요. 만약 전시장에서 예상과 전혀 다른 경험을 하게 된다면, 자신만의 인상을 담아 보고문의 독창성을 더욱 높일 기회입니다. 저는 국립중앙박물관에서 『대동여지도』의 목판 인쇄본 지도를 보았는데요, 예상했던 것보다 훨씬 커다란 규모에 깜짝 놀랐습니다. 이런 신선한 충격을 잘 간추려 기록하면 독창적이며 흥미로운 보고문이 될 것입니다.

가난한 예술가였던 고흐는 캔버스 살 돈이 없어서 이미 사용한 캔버스 위에 덧칠을 하며 그림을 그렸습니다. 쓰레기로 만든 악기를 연주하던 소년들의 이야기도 떠오르지요? 고흐의 이야기를 책에서 읽은 학생이 고흐 전시회에 가서 한 번 사용한 캔버스에 덧칠한 그림이 실제로 있는지 확인해 보기로 했습니다.

개요	예시
주제	궁핍한 환경에도 굴하지 않았던 고흐의 창작 활동
확인할 사항(대표 사례)	캔버스를 재사용한 작품 조사

그런데 전시회에 막상 가 보니 처음에 정한 개요와 목표대로 일이 진행되지 않았습니다. 어떻게 바뀌었는지, 학생이 쓴 초고 일부

를 살펴보겠습니다.

"종이 상자를 뜯어 그림을 그리다"

　서울시립미술관이 개최한 빈센트 반 고흐 전시회에 다녀왔다. 전시회에 가기 전에 인터넷으로 고흐에 대한 정보를 찾아보았다. 도서관에서 『반 고흐, 영혼의 편지』라는 책도 읽어 보았다. 빈센트는 평생 아주 가난했다. 동생 테오가 경제적 지원을 해 주기는 했지만 물감과 캔버스를 살 돈은 늘 부족했다. 고흐는 망친 그림 중에서 그나마 쓸 만한 것을 골라 그 위에 덧칠을 하며 새 그림을 그렸다고 한다.

　전시장을 둘러보면서 어떤 그림이 캔버스를 재사용한 그림일지 유심히 살펴보았다. 큐레이터의 작품 해설을 들으며 주요 작품들을 관람했다. 해설을 마친 큐레이터가 질문 기회를 주었다. 나는 어느 작품이 캔버스를 재사용한 것인지 물어보았다. 큐레이터는 "캔버스를 재사용한 그림이 많이 있지만 이번 전시회에는 오지 않았고요, 그 대신 캔버스보다 값이 훨씬 싼 마분지에 그린 작품이 몇 점 왔습니다."라고 대답해 주었다. 해설을 다 듣고 전시장을 다시 돌며 마분지에 그린 작품들을 꼼꼼하게 관찰했다. 열정이 넘치는 사람은 도구를 탓하지 않는 것 같다. (…)

　처음에 정한 목표를 이루지는 못했고 내용도 달라졌지만 그래도 아주 귀중한 정보를 얻었습니다. 참신한 보고문은 이렇게 만들어지기도 합니다. 그러니 계획을 꼭 세우세요. 계획대로 안 될 때도 많지만 그래도 괜찮으니까요.

체험활동의 목적은 보고문을 적는 것이 아니지만 보고문을 잘 쓰겠다는 목표를 지니면 체험활동에 더 충실하게 참여할 수 있습니다. 자신에게 도움이 될 만한 내용을 뽑아내려고 책을 읽으면 더 집중해서 읽게 되는 것처럼요. 삶을 진솔하게 기록하는 것이 글쓰기의 쓸모입니다. 그렇지만 그것이 글쓰기의 전부는 아닙니다. 좋은 글은 단순한 삶의 기록자가 아니라, 삶을 더 나은 방향으로 이끌어 주는 안내자이기도 합니다.

글의 가치를 높이는 갈래별 글쓰기 요점

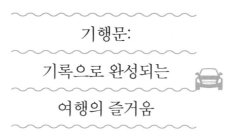

기행문:
기록으로 완성되는
여행의 즐거움

　기행문은 체험활동 보고문의 일종으로 봐도 좋습니다. 여행이라는 특별한 체험활동을 다룬다는 점에서 그렇습니다. 글쓰기 방법도 체험활동 보고문과 거의 같습니다. 한편 기행문은 형식에 구애받지 않고 주관적으로 자유롭게 쓸 수 있다는 점에서 수필의 성격도 띱니다. 수필 쓰는 방법은 뒤에서 다루겠습니다.

　앞서 자유 주제로 글을 쓰는 경우와 특정 주제로 글을 쓰는 경우를 구분했지요. 일기가 일반적인 일기와 주제 일기로 나뉘는 것처럼 기행문도 둘로 나뉩니다. 자유 주제에 해당하는 기행문은 여행을 다녀온 다음 마음이 흘러 가는 대로 쓰는 경우에 해당할 테고요, 특정 주제로 쓰는 기행문은 우리가 흔히 '테마 여행기'라고 부르는 것에 해당합니다.

　기행문에는 '여정, 견문, 감상'이 들어갑니다. 여행 경로, 관찰 기록, 느낀 점이지요. 수학 여행처럼 여정이 정해져 있다면 관찰 기록 중에 글에 넣을 만한 재료를 선별하는 것이 중요할 테고, 자유 여행

　　　　　　　　　　　글의 가치를 높이는 갈래별 글쓰기 요점

이라면 어떤 장소에 들를지 독창적으로 일정을 짜는 것이 더 중요하겠지요.

'테마'가 있는 여행을 하려면 체험활동 보고문을 쓸 때처럼 목표를 미리 세워야 합니다. 스포츠를 좋아하는 사람은 자기가 좋아하는 종목 경기를 관람하는 것을 목적으로 여행 계획을 짤 수 있겠네요. '야구장 기행'이라든지 '월드컵 경기장 순례' 같은 테마를 정할 수 있겠지요. 자기가 태어나 어릴 때 자란 동네라든지 현재 사는 도시를 도보나 자전거로 둘러보는 것도 괜찮을 것 같습니다. 예를 들어 10년 전 거리 사진을 구해서 현재 모습과 비교해 보는 것도 좋은 테마입니다. 그러면 여태껏 알지 못했던 사실들을 새로 알 수도 있을 겁니다.

'희귀한 동식물'을 테마로 정하여 자기가 사는 지역과 인근 지역을 다니는 여행을 계획해 보겠습니다. 예컨대 고양시 덕이동에는 천연기념물 제60호인 '송포 백송'이 있습니다. 백송은 줄기가 하얀 희귀한 소나무 품종인데요, 서울시 종로구에 있는 헌법재판소 안에도 천연기념물로 지정된 백송들이 있습니다. 여기서 멀지 않은 조계사 안뜰에도 천연기념물 백송이 있습니다. 이 셋을 모두 본 사람이 많을 것 같지는 않습니다. 그러니 고양시나 서울시에 사는 학생이라면 '백송'이라는 테마로 이 세 곳을 찾아가는 기행문을 기획해 보아도 좋을 것 같네요. 이틀 정도만 투자해도 충분할 겁니다. 또 다른 예로, 경기도 양평군의 용문사에는 한국에서 키가 가장 크고 나이도 가장 많은 커다란 은행나무가 있습니다. 높이는 40미터가 넘고 나이는 천백 살도 더 먹었습니다. 자기가 사는 동네 가까이에 유명한 은행나무가 있다면, 은행나무를 테마로 기행문을 기획해 볼 수 있습니다. 역사적 이야기를 덧붙이면 더욱 내용이 알찬 글이 되겠지요.

예전에 어느 대학생들이 "시내버스만 타고 전국 일주하기"라는 테마 여행을 기획하여 실천한 예가 있습니다. 다른 교통수단을 쓰지 않고 오로지 시내버스만 타고 다른 지역으로 이동하는 기획이었지요. 심지어 시외버스도 안 타고 말이지요. 그리고 대학생들은 시내버스 안에서 만난 사람들, 버스 안에서 벌어지는 장면들을 기록했습니다. 호기심이 일지 않나요? 여행의 범주가 뚜렷하면 독자의 흥미를 끄는 법입니다.

여행 주제를 궁리해 보는 건 무척 즐겁고 흥분되는 일입니다. 그래서 여행은 기차에 오르는 순간이 아니라 일정을 궁리하는 순간부터 시작된다고들 하지요. 저는 스페인 여행을 다녀온 적이 있는데요, '미술 기행'으로 주제를 잡고 일정을 짰습니다. 레이나소피아 미술관, 프라도 미술관, 피카소 미술관, 미로 미술관 등 평소에 가고 싶었던 박물관이나 미술관을 일정의 중심에 놓았습니다. 꼭 봐야 할 작품 목록도 미리 추려 두었지요. 예를 들어 레이나소피아 미술관에 소장된 피카소의 「게르니카」, 프라도 미술관에 소장된 벨라스케스의 「시녀들」과 티치아노의 「카를 5세 기마도」, 피카소 미술관에 소장된 10대 시절 피카소의 작품들이 목록에 올랐습니다.

"아이처럼 그리는 데 평생이 걸렸다"라는 피카소의 말을 여행 전에 빠뜨리지 않고 기록해 간 것도 피카소 그림의 변화 과정을 확인해 보겠다는 여행 목적이 뚜렷했기 때문에 가능했던 일이었지요. 벨라스케스나 티치아노의 작품들을 두루 감상했지만, 나중에 기행문으로 쓴 건 피카소에 관한 내용뿐이었는데요, 저 문구 하나가 결정적인 역할을 했지요.

독창적이고 설득력 높은 기행문을 쓰려면, 저처럼 여행에서 보았던 회화 작품들을 모두 다룰 게 아니라, 피카소로 범주를 좁혀서 자료를 정리하는 게 좋습니다. 또 피카소의 모든 작품을 다루기보다는 '아이와 같은 순수함을 찾아가는 여정'을 잘 보여 줄 만한 그림들을 선별하여 좀 더 구체적으로 소개하는 게 흥미롭겠지요. 범주를 좁혀서 주제를 더 선명하게 부각하는 것은 언제나 유용한 글쓰기 방식입니다.

범주를 뚜렷하게 정하지 않으면 구체성이 떨어집니다. 구체성이 떨어지면 다른 글과 아무 차별성도 없는 평범한 문장으로 기행문을 채우게 됩니다. 다음은 윤동주문학관을 다녀온 어느 학생의 기행문 일부입니다.

이번 여행의 마지막 일정은 윤동주문학관이었다. 윤동주문학관에 들어서자, 해설사 선생님께서 우리를 맞이해 주셨다. 선생님께서는 윤동주 시인에 대해 설명해 주셨다. 미리 공부를 해 와서 그런지 생각보다 귀에 잘 들어왔다. 윤동주의 시집이 나오기까지의 힘겨웠던 과정을 해설사 선생님께서 말씀해 주셨는데, 알지 못했던 부분까지 설명해 주셔서 좋았다.

이 글에는 구체적인 정보가 하나도 없습니다. 해설사 선생님의 설명 중 뭐가 좋았는지, 미리 공부한 내용은 뭐였는지, 시집이 나오기까지 어떤 점이 힘들었는지, 알지 못했으나 새로이 알게 된 부분은 무엇인지 전혀 표현되지 않았지요. 어떻게 고쳐야 할지 감이 오나요? 자료를 좀 더 조사하여 두루뭉술하게 표현했던 구절들을 구체적으로 고치면 됩니다. 다음 글을 보세요.

2박 3일 문학 테마기행의 마지막 목적지는 윤동주문학관이었다. 서울 종로구 인왕산 자락에 자리 잡은 윤동주문학관에 들어서자, 해설사 선생님이 우리를 맞이해 주었다. 해설사 선생님은 윤동주 시인의 생애를 간략히 설명해 준 다음, 연세대의 전신인 연희전문과 도시샤 대학 시절의 이야기를 들려주었다.

일본 유학 시절 이야기는 미리 자료를 조사한 덕분인지 귀에 더 쏙쏙 들어왔다. 시집 『하늘과 바람과 별과 시』는 일제 검열 문제로 출판이 보류되다가 1948년에야 세상에 나오게 되었다고 한다. 이 시집에 발문을 쓴 사람이 정지용이라는 사실도 이번에 알게 되었다.

구체적인 정보가 들어가니 글도 흥미로워졌지요? 똑같은 장소에 가서 비슷한 것을 보고 비슷한 이야기를 듣더라도 구체적으로 살펴보려는 태도를 지니면 남들이 보지 못하는 것을 볼 수 있습니다. 그리고 그건 기행문의 독창적인 글감이 되지요. 다음은 일본 교토의

사진 ①: 은각사의 이른바 '뷰포인트'에서 찍은 풍경. 수많은 이들이 여기서 사진을 찍습니다.
사진 ②: 은각사의 입구에서 찍은 대나무 덮개. 이런 것에 주목하는 이는 거의 없습니다.

유명한 사찰인 '은각사'에서 제가 찍은 사진들입니다. 어느 사진이 더 호기심을 끄나요?

사진 ①은 이른바 '뷰포인트'에서 찍은 풍경 사진입니다. 수많은 사람들이 이곳에서 비슷한 구도로 사진을 찍더군요. 사진 ②는 절 입구 구석에 놓인 대나무 조각 사진입니다. 저 말고 이것을 찍는 사람은 못 봤습니다. 어디에 쓰는 물건이지 궁금해서 한동안 그곳에

멈춰 선 채 덮개처럼 보이는 이 물건을 관찰했습니다. 관리인이 오더니 대나무 조각을 치우고 안을 청소하는데, 녹이 슨 배수관이 보였습니다. 녹슨 철제 배수관은 오랜 역사를 지닌 고즈넉한 사찰과는 분위기가 맞지 않지요. 대나무 조각은 그걸 가리는 덮개였던 겁니다. 이렇게 세심한 부분까지 신경 썼기에 은각사의 고즈넉하고 정갈한 분위기가 변치 않고 오래도록 유지되는구나 싶더군요. 저는 이곳에 세 번 다녀왔는데요, 갈 때마다 새로운 풍경과 마주했습니다.

어느 고등학교 1학년 학생이 가족과 함께 서울시 용산구에 있는 리움미술관에 다녀와서 글을 썼습니다. 이 미술관에는 국보 47점을 비롯해 세계적인 명작들이 많이 소장되어 있습니다. 저를 포함하여 이곳에 다녀온 사람들은 보통 고려청자나 조선백자, 정선의 「금강전도」에 주목하거나 앤디 워홀이나 데이미언 허스트 같은 세계적인 거장의 팝 아트 작품에 관해 주로 이야기합니다. 그런데 이 학생은 야외에 전시된 거미 조각상을 에워싼 울타리에 관해 썼더군요. 루이스 부르주아가 만든 이 거미 조각의 제목은 엄마라는 뜻을 지닌 프랑스어 '마망'입니다. 알을 품고 있는 어미 거미를 형상화한 작품이지요. 학생은 자신의 글에서 이 조각이 본래 알 주머니 아래에 들어가서 위를 올려다보기도 하고 만져 보기도 할 수 있게 만든 작품인데, 울타리를 쳐서 들어가지 못하게 하면 작품을 제대로 감상할 기회를 뺏는 거라고 지적했습니다. 이 학생은 사람들이 쉽게 지나친 것을 놓치지 않았습니다. 그래서 독창적인 글을 쓸 수 있었지요.

인터넷으로 쉽게 읽을 수 있는 유명 여행지의 정보를 소재로 기행문을 쓴다면 어떨까요? 여간 뛰어나지 않으면 독자의 흥미를 끌기 어려울 겁니다. 인터넷으로 쉽게 찾을 수 없는 숨겨진 이야기를 펼쳐 놓으면 어떨까요? 독자들의 호기심을 자극하겠지요. 개성 넘치는 기행문을 쓰는 방법에는 두 가지가 있습니다. 남들도 다 본 장면을 더 치밀하게 묘사하는 것, 남들이 쉽게 지나치는 장면을 포착하여 보여 주는 것. 둘 다 필요한 방법이므로 어느 것이 더 낫다고 말하기는 어렵습니다. 그 둘을 적절히 조화시켜 보기 바랍니다. 그러면 분명히 여러분의 기행문은 독자에게 유용한 읽을거리가 될 겁니다.

여행의 목적은 집에 돌아오는 겁니다. 단순히 돌아오는 것이 아니라 더 나아진 모습으로 돌아와야 하지요. 기행문은 그 멋진 변화 과정을 보존하는 아름다운 삶의 기록입니다. 기행문 쓰기의 즐거움을 알면 여행의 기쁨은 더 커지고, 우리 삶도 더 풍요로워질 겁니다. 인생도 긴 여행이니까요.

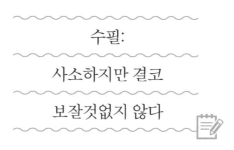

수필:
사소하지만 결코
보잘것없지 않다

　저는 중학생 때까지 늘 제일 앞줄에 앉을 정도로 키가 작았습니다. 그래서 간절한 소망 역시 '전교 1등' 따위가 아니라 '교실 중간쯤에 앉아 보는 것'이었지요. 우유를 많이 마셔야 키가 큰다는 이야기를 어디서 듣고 하루에 여덟 잔이나 마신 탓에 다음 날 내내 설사를 했던 적도 있습니다. 교회를 다니지는 않았지만 키 좀 크게 해 달라고 하느님께 매일 기도했습니다. '제 등수와 성적을 드릴 테니 키로 돌려주세요' 하고 빌었지요. 기적이 일어났습니다. 고등학생이 되자 키가 쑥쑥 자라기 시작한 겁니다. 공평하게도 등수와 성적은 뚝뚝 떨어지더군요. 청소년 시절에 키가 작았다가 나중에 키가 큰 이 이야기는 제게는 매우 의미 있는 일이지만 일반 독자에게는 특별할 것이 없습니다. 글감으로서는 평범한 소재죠.

　수필은 이런 이야기를 소재로 삼아 자유로운 형식으로 쓰는 글입니다. 수필의 소재는 일상에서 일어나는 평범한 일들입니다. 아침에 일어나 머리를 감고, 밥을 먹고, 학교에 가서 억지로 수업을 들고, 좋아하는 연예인이나 운동에도 몰두하고, 집에 돌아와 텔레비전을 보고, 식구들끼리 대화를 나누고, 주말에 친구와 영화도 보는 평범한 일상이 모두 수필의 소재입니다.

영화 「아바타」가 개봉했을 때 영화관에 가서 3D로 봤는데요, 갑자기 저한테 화살이 날아와서 피한 적이 있습니다. 아내는 몇 년이 지난 지금도 그때 일로 저를 놀립니다. 저만 그랬을까요? 저는 창피한 이 경험에 다른 이야기를 덧붙였습니다. 1895년에 영화가 처음 상영됐을 때 스크린 속 열차의 도착 장면을 보고 기겁하여 도망친 관객들의 이야기와 제 경험을 연관 지었지요. 저만 그런 거 아니라니까요.

키 좀 크면 좋겠다는 평범한 중학생의 고민, 영화관에 간 아저씨의 평범한 일상에서 수필은 시작됩니다. 일상에서 더러 평범하지 않은 일이 일어나기도 하지요. 일상이라고 해서 전날과 아주 똑같이 반복되지는 않습니다. 매주 정해진 시간에 들르던 단골 식당이 어느 날 문을 안 열었다든지, 항상 비슷하게 옷을 입던 사람이 난데없이 요란하게 입고 왔다든지, 늘 야단스럽게 장난을 치던 강아지가 오늘따라 얌전하다든지… 작은 사건이 수필에 개성을 부여하는 계기가 됩니다. 일상이 약간 어긋난다면 그것을 꼭 구체적으로 기록해 두어야 합니다. 아주 소중한 글감이니까요.

수필은 평범함 속에서 찾은 특별한 가치를 표현합니다. 일상에서 마주치는 작은 깨달음을 주로 다루지요. 깨달음을 다룬다고 해서 감상적으로만 표현하면 안 되고, 이미 여러 번 강조했듯 구체적인 상황과 경험으로 깨달음을 표현해야 합니다. 다음은 '상실'이라는 주제를 두고 쓴 두 학생의 수필 일부를 비교한 것입니다.

인생이 무엇일지 생각해 본 적이 있는가? 인생은 과연 무엇일까? 뭔가 얻는 것일까? 아니면 뭔가 잃어버리는 것일까? 얻는 것도 있고 잃는 것도 있겠지만 나는 잃어버리는 것이라고 생각한다. 우리의 잘못으로 잃어버릴 때도 있고, 우리의 잘못이 아닌데도 잃어버릴 때가 있을 것이다. 아무튼 인생은 뭔가 잃어버리는 것이 계속해서 일어나는 그런 것 같다. 그래서 슬픈 것 같다.

작년에 이모가 돌아가셨다. 이모는 내게 처음으로 털모자를 떠 준 분이다. 올해 외삼촌이 돌아가셨다. 외삼촌은 내게 처음으로 만년필을 사 준 분이다. 오랜만에 연두색 털모자와 만년필을 꺼내어 한참을 만지작거려 본다.

첫 번째 글이 두루뭉술하게 판단을 적은 반면, 두 번째 글은 구체적인 경험으로 '상실'이라는 눈에 보이지 않는 어떤 것을 표현했습니다. 뭔가 깨달았다면 결과만 적기보다는 깨달음에 이르기까지 과정을 구체적으로 표현하는 것이 더 좋습니다. 그러면 독자는 여러분이 깨달은 것을 두루두루 공감할 수 있지요. 구체적 표현은 공감력이 세니까요.

주제를 잘 표현할 만한 대표적인 경험을 찾은 다음, 그것과 연관성이 있는 다른 경험들을 찾으면 수필 쓰기는 거의 마무리됩니다. 다음은 고1 학생이 쓴 수필 「똥개 옐로」의 전체 내용을 간략히 재구성한 것입니다. 수필 한 편이 완성되는 과정을 한눈에 살펴보려고 내용만 짧게 간추렸습니다.

- 6학년 때 누렁이 똥개를 주워 와 키웠다.
- '옐로'라고 이름을 붙였다.
- 똥도 잘 못 가리는 똥개 옐로를 식구들은 다 싫어했다.
- 나 혼자만 옐로를 돌봤다.
- 내가 교통사고를 당해 며칠간 병원에 입원한 적이 있다.
- 집에 돌아온 날 옐로는 날 반갑게 맞았지만 그날 밤 어디론가 떠나 버렸다.
- 고등학생인 나는 다른 개를 한 마리 키운다. 이름은 '로옐'이다.
- 로옐을 쓰다듬다 보면 가끔 옐로가 떠오른다.

내용이 자연스럽게 이어지죠? 구체적인 경험으로 똥개 옐로를 향한 그리움을 잘 표현해 냈습니다. 수필을 쓰는 목적이 뭘까요? 평범한 일상의 이야기를 글로 기록하는 데 무슨 가치가 있을까요? 우리는 살아가면서 매일 반복되는 평범한 일에 시간을 가장 많이 보냅니다. 그런데 그 일이 견디기 힘들 정도로 지루하거나 괴로워지면 살아가는 일도 힘들어지겠지요. 좋은 수필은 꾸준함과 지루함을 구별해 주고, 사소한 것이 다 보잘것없지는 않다는 점을 알려 주며, 좀처럼 흥미진진한 일이 벌어지지 않는 일상에서도 충분한 재미와 행복을 느낄 수 있음을 깨우쳐 줍니다. 타인과 유대감을 느끼게 해 주는 것은 수필의 커다란 역할입니다. 유대감은 특별한 경험을 공유할 때만 생기는 것이 아니거든요. 평범한 일상을 공유하며 느끼는 유대감 역시 특별하고 소중하지요. 좋은 수필은 저자와 독자 사이를 친구나 이웃처럼 이어 줍니다.

영화 「스시 장인: 지로의 꿈」은, 평생 초밥 하나만 바라보며 오랜 세월 동안 매일 똑같은 일정을 되풀이하는 스시 장인 지로의 이야기입니다. 지로는 이렇게 말합니다.

"스시에 얹을 최고 재료를 구해 요리를 하는 게 장인입니다. 돈을 얼마나 벌지 우리는 관심이 없어요. 높은 경지에 오르고 더 발전하길 바랄 뿐이죠. 저역시 같은 일을 계속하며 조금씩 발전합니다. 그래도 항상 개선의 여지는 있습니다. 꾸준히 발전해 정상에 오르려 하지만 정상이 어딘지 아는 사람이 없습니다."

할아버지 초밥 요리사의 일상을 보노라면, 자기의 일을 사랑하고, 자기의 일상을 소중히 여기는 태도가 얼마나 중요한지 깨닫게 됩니다. 스시 장인 지로의 이야기에서 '스시 만드는 일'을 우리가 하는 일로 대체하여 읽어 보아도 의미가 잘 통하지요. 자기 한계를 깨며 높은 경지에 도달하려고 노력하는 것은 누구나 추구하는 모습이니까요. 구체적인 표현에는 보편성이 깃들어 있기에 스시 요리사가 아니어도 우리는 그 안에 담긴 메시지에 공감할 수 있습니다. 여러분의 구체적인 경험을 수필에 차분하게 펼쳐 놓으세요. 그러면 그 구체성에서 공감이 싹틀 겁니다.

글의 가치를 높이는 갈래별 글쓰기 요점

논술문: 판단 기준을
튼튼하게 마련하자

논술문은 자기 주장을 논리적으로 펼치는 글입니다. 언론 매체에 자주 실리는 '칼럼'도 논술문의 일종이지요. 예를 하나 보겠습니다. JTBC 프로그램 「비정상회담」에 출연했던 미국인 타일러 라쉬는 새로운 언어를 배우려면 맥락을 잘 파악해야 한다는 취지로 짧은 칼럼 한 편을 썼습니다. 특히 한국어 단어의 다양한 쓰임새에 관해 파고들었지요.

한국에서 가장 많이 듣는 질문의 하나가 "한국 음식이 입에 맞느냐? 너무 맵지 않으냐"는 것이다. 한국에 사는 미국인이기 때문일 것이다. 그런데 정작 힘든 것은 먹는 음식이 아니라 '먹는다'라는 말 자체다. 이 단어는 쓰임새가 너무 넓어 이해하기가 힘든 경우가 많다. 예를 들어 설날이 되면 떡국만 먹는 게 아니라 한 살을 더 먹기도 한다. 그래서 떡국을 먹으면 이마에 주름이 생길까 봐 겁을 먹기도 했다. 주름이 진짜로 하나 더 새겨진 것을 발견했을 때는 '충격을 먹기도' 했다. 심지어 사람들과 사귀면서 '친구 먹는다'라는 말도 들었다. (…)

— 타일러 라쉬, "떡국·나이·친구까지 '먹는다'라는 한국말",
『중앙일보』 2014년 12월 11일 자.

좋은 글의 원칙이 두루 반영된 글입니다. 범주를 좁히고 좁혀서 '먹는다'는 한국어 표현 하나에만 집중했지요. 범주가 뚜렷하니 문장 전개도 물 흐르듯 자연스럽습니다. 범주가 뚜렷하면 점층법을 쓰기도 좋은데 이 글에도 음식 먹기, 나이 먹기, 겁먹기, 충격 먹기, 친구 먹기… 순으로 점층법을 구사하여 독자의 흥미를 끌어올렸습니다. 한국말 배우기가 어렵다는 흔한 판단형 문장 대신 구체적인 경험 사례를 충분히 보여 주었지요. 근거가 주장보다 중요합니다. 사례를 조사한 다음 결론을 이끌어 내든, 결론을 내려 놓고 이에 걸맞은 예를 제시하든 그 순서에 상관없이 주장의 근거가 될 만한 사례를 찾는 것이 무엇보다 중요하지요. 근거가 없이 주장만 전달하려고 하면 자칫 훈계가 되어 버릴 수도 있으니 조심해야 합니다. 훈계를 좋아할 독자는 없을 테니까요. 근거를 충분히 들면서 논리적으로 상대방을 설득하는 과정을 논증이라고 부릅니다. 논증의 대표적인 두 방법이 귀납과 연역이고요. 용어가 별로 낯설지 않지요?

귀납은 근거가 될 만한 예들을 제시한 다음 결론을 도출하는 방법입니다. 연역은 기존의 분명한 원칙을 활용하여 어떤 사례를 새롭게 해명하는 방법이지요. 글쓰기를 할 때 어떤 현상을 설명할 만한 대표 사례를 찾은 다음, 관련 사례들을 찾아 연관을 짓는다면 그

건 귀납적 글쓰기 방법입니다. 반면 자기 주장을 입증하려고 누구나 인정하는 보편적 지식이나 저명한 학자의 말을 소개한 다음 구체적인 사례를 분석한다면 그건 연역적 글쓰기 방법입니다. 논술문의 전개 방식도 대부분 둘 중 하나입니다. 그래서 귀납과 연역을 잘 파악해야 하지요.

"구슬이 서 말이라도 꿰어야 보배"라는 속담은 귀납의 중요성을 강조하는 말입니다. 경험들이 아무리 생생하고 구체적이라 해도 거기서 보편적인 특징을 찾아내지 못하면 아무 소용이 없습니다. 구상을 하거나 개요를 짤 때 연관성을 찾는 게 중요하다고 강조한 것이 이 때문입니다. 연관성을 찾으려 노력한 것은 구슬들을 꿰어 보배를 만들기 위해서였지요.

3:4:5 비율을 갖춘 삼각형이 직각을 이룬다는 사실은 고대 이집트 사람들도 알았습니다. 5:12:13 비율이 직각삼각형을 만든다는 사실도 알았지요. 그렇지만 이 구체적인 사실들에서 $a^2 + b^2 = c^2$이라는 규칙을 발견한 것은 피타고라스 학파의 업적입니다. 이 규칙을 발견한 덕분에 우리는 무수히 많은 직각삼각형들을 연역해 낼 수 있습니다. 인류의 지식은 이렇게 귀납과 연역의 조화 속에서 발전합니다.

귀납은 엄밀한 추론이 아니라 단지 일반화하는 방법일 뿐이라서 사례가 충분해야 비로소 설득력이 생깁니다. '아마도 이러할 것이다' 하고 결론을 짓는 거니까요. 겨우 학생 10명을 대상으로 조사하여 아침 식사를 꼬박꼬박 챙겨 먹고 오는 학생이 아침 식사를 거르

글의 가치를 높이는 갈래별 글쓰기 요점

는 학생보다 학업 성취도가 높다는 결론을 내린들, 억지에 가까울 겁니다. 그렇지만 조사 대상을 100명으로, 500명으로 늘리면 그만큼 주장의 타당성도 커지겠지요. 근거가 충실할수록 주장의 설득력도 커지는 것이 귀납 논증입니다.

근거가 충분하지 않은데 무리하게 결론을 내리는 것을 '성급한 일반화' 오류라고 부릅니다. 엄친아1호와 여러분을 비교하며 범주 오류를 저지르셨던 어머니께서 "너는 왜 만날 그 모양이니?"라고 혼을 내면 "그건 성급한 일반화 오류 같은데요?"라고 반박하면 됩니다. 여러분이 설마 매일 혼날 일만 했겠어요? "쪼그만 녀석이 어디서 꼬박꼬박 말대꾸…"라고 거칠게 나오시면 "그건 인신 공격 오류입니다"라고 다시 반박하면 되는데요… 아, 그만하겠습니다.

성급한 일반화는 우리도 은연중에 자주 저지르는 오류입니다. 상대편의 말을 끝까지 안 듣고 다 이해한 것처럼 말을 가로채는 경우가 여기에 해당하지요. '아무튼'과 '어쨌든' 같은 표현을 자주 쓰는 나쁜 습관도 그런 잘못을 부추깁니다. "누구나 그러하듯", "여러분도 다 아시겠지만" 같은 표현도 논술문에서는 되도록 안 쓰는 것이 좋습니다. 귀납적인 논리 전개를 깨뜨리거든요.

인천아시안게임 개막식을 중계하던 아나운서가 우즈베키스탄, 카자흐스탄, 키르기스스탄, 타지키스탄, 투르크메니스탄 같은 나라들이 계속 입장하자 이렇게 말해 버렸습니다. "참가국 중에 '스탄'이 붙은 나라들은 모두 소련에서 독립한 나라들입니다." 그리고 잠시 후에 파키스탄 선수단이 입장하자 아나운서는 바로 사과했지요.

단정 짓는 일은 늘 조심해야 합니다. 주장에 들어맞지 않는 사례가 언제든 나올 수 있으니까요.

연역법은 첫째 문장이 중요합니다. "인간은 죽는다. 소크라테스는 인간이다. 소크라테스는 죽는다." 이 논증은 참입니다. 인간은 누구나 죽는다는 분명한 사실에서 도출한 것이기 때문입니다. 그러면 이건 어떨까요. "인간은 선한 존재다. 이강룡은 인간이다. 이강룡은 선하다." 결론이 뭔가 어색하네요. 처음에 깔고 시작한 명제인 '인간은 선하다'가 증명 불가능한 것이기 때문이지요.

논술문이나 자기 주장을 펼치는 글쓰기를 할 때는 논리가 중요합니다. 신빙성이 떨어지는 명제에서 논증을 시작하면 타당한 결론이 나오지 않습니다. 이런 잘못을 '대전제 오류'라고 부르지요. 그래서 여러분이 연역적으로 결론을 도출하려면 처음 출발점으로 삼는 전제를 튼튼하게 다져 놓아야 합니다. 가령 "한민족은 끈기와 열정이 뛰어나다"라고 선언하고 논의를 시작하면 자칫 그 전제에 사례들을 억지로 꿰맞추다가 허무맹랑한 결론에 이를 수 있으니 조심해야 합니다. 앞선 전제는 연역 논증에 적합하지 않습니다. 정 그 주제로 글을 쓰겠다면 뛰어난 끈기와 열정을 보여 준 한국인들 개개인을 소개하는 것이 좋습니다. 사례만 충실하게 제시하고 판단이나 해석, 상상은 독자에게 맡기면 충분하지요.

형식적인 구성도 중요하지만, 논술문 쓰기에서 더 중요한 것은 전달하고자 하는 내용과 관점입니다. 주장이 뚜렷하고 근거도 풍부하다면 형식이 조금 어설퍼도 문제될 것이 없지요. 좀 더 근본적인 얘기를 해 볼까요? 논술 공부를 할 때 출발점으로 삼아야 할 기초 개념을 살펴보겠습니다. 논술 주제들의 근본 문제를 알면 논술에 자신감도 붙고, 혼자 힘으로 논술 공부를 할 때에도 길을 잃지 않을 것입니다.

논술은 한마디로 가치를 다루는 글입니다. 가치란 판단하는 기준이 되는 근본 개념을 가리키는 말입니다. 평소에 정신적 가치, 물질적 가치라는 말을 쓰잖아요. '정신적 가치'란 판단 기준을 정신적인 것에 둔다는 뜻이고, '물질적 가치'란 물질을 판단 기준으로 삼는다는 말입니다. 친구에게 "야, 그건 나쁜 짓이지."라고 말하려면 우리의 생각 속에 '좋음'에 대한 기준이 서 있어야겠지요. 좋음을 판단하는 기준이 바로 가치입니다. 옳고 그름을 판단하려면 역시 생각속에 '올바름'을 가르는 기준이 서 있어야 합니다. 아름답고 추함을 판단하려면 우리의 생각 속에 '아름다움'이라는 기준이 있어야 하고요. '좋음', '올바름', '아름다움'처럼 판단의 기준이 되는 기본 개념을 가치라고 부릅니다. 생명, 자유, 평등 같은 개념도 가치입니다. 판단의 중요한 기준이기 때문이지요.

이 가치가 사람마다 다 같지는 않다는 점이 문제입니다. 생텍쥐페리의 소설 『어린 왕자』에서 어린 왕자는 소중한 집의 가치를 '집값'에 두는 어른들을 도무지 이해하지 못합니다. 반면 우리는 물질적 가치를 중요하게 여기는 시대에 살고 있습니다. 집값 같은 것이 판단을 많이 좌우하지요. 그러면서도 우리는 『어린 왕자』를 읽으며 그 내용에 깊이 공감합니다. 정신적 가치가 중요하다는 점을 여전히 알고 있다는 말이겠지요.

논술 영역에서 자주 등장하는 '절대적', '상대적'이라는 말은 서로 다른 가치, 즉 서로 다른 판단 기준을 일컫습니다. 조금 단순하게 말하자면 우리가 사는 현대 세계를 움직이는 민주주의(정치), 자본주의(경제), 공리주의(윤리) 같은 사상들은 모두 상대적 가치입니다. 상황과 조건에 따라 '더 많은 이들이 좋다고 판단한 것'을 가치로 삼지요. 민주주의의 가치를 지탱하는 것은 다수결입니다. 자본주의를 지탱하는 것은 대량 생산 대량 소비이고, 공리주의를 지탱하는 것은 최대 다수의 최대 행복입니다.

인간이 완벽한 존재가 아니듯 인간이 만든 것에도 한계는 있기 마련입니다. 우리가 논술 영역을 공부하며 주로 읽게 될 책들에는 민주주의의 한계를 보완하고, 자본주의의 한계를 보완하며, 공리주의의 한계를 보완할 수 있는 방법들이 제시되어 있습니다. 논술 시험의 문제 유형을 살펴보며 설명하겠습니다.

유형	설명	용례
서술형	특정 주제에 관해 주장 펴기	한국의 중등 영어 교육의 문제점에 관해 논하라.
해법형	문제점 파악과 해결책 제시	온라인 민주주의의 문제점과 발전 방향에 관해 의견을 제시하라.
해석형	도표, 통계, 사진 자료 등 분석	위 통계청 자료에 나타난 사회 현상을 분석하여 서술하라.

글의 가치를 높이는 갈래별 글쓰기 요점

한국의 중등 영어 교육의 문제점에 관해 논하려면, 좋은 영어 교육이 무엇인지 알아야 합니다. 즉 판단 기준이 필요하지요. 좋은 영어 교육을 규정하려면 더 근본적으로 좋은 교육에 대한 기준이 필요하고요. 즉, 교육에 대한 가치가 서 있어야 합니다. 그래야 좋은 영어 교육은 어떤 것인지 연역할 수 있으니까요. 이런 선행 작업이 끝나야, 나쁜 교육에 대해 비판할 수도 있습니다. "시간을 낭비하라"라든지 "실물을 보여 주어라"라고 했던 에밀의 교육론에 비추어 보면 실제 언어생활과 동떨어진 딱딱한 문법만 암기하도록 시키는 중등 영어 교육은 매우 잘못된 것이지요.

온라인 민주주의의 문제점을 서술할 때도 마찬가지로 가치를 규정하는 일이 중요합니다. 민주주의의 가치를 규정하지 않은 채 온라인 민주주의에 관해 논하면 안 됩니다. 사회 현상을 분석하는 해석형 논술도 우리 사회를 움직이는 주요한 사상을 알면 적절하게 해결할 수 있습니다. 통계 자료는 현실의 반영입니다. 민주주의, 자본주의, 공리주의의 속성을 알아 두면 현실 세계를 파악하기도 쉽고 사회 변화도 분석할 수 있습니다. 우리가 기준으로 삼은 가치가 과연 올바른지, 다른 이들을 얼마나 설득할 수 있을지 계속 궁리해야 합니다. 정답은 없습니다. 그저 설득 가능성이 있을 뿐이지요. 그래서 평소에 좋은 근거를 성실히 모아 두어야 합니다.

논술의 세부 주제로 조금 더 들어가 보겠습니다. 다음은 논술 영역에서 자주 다루어지는 주제들입니다.

- 저출산, 고령화, 안락사/존엄사, 사형제

- 부의 재분배, 양극화, 세계화

- 저작권, 프라이버시, 감시, 자기정보관리통제권

- 유전자 조작, 생명 복제, 인공 지능

- 동물 복지, 문화상대주의, 낙태, 성평등, 성매매

- 과거 청산, 역사 왜곡, 남북 관계

- 환경 오염, 지구 온난화, 에너지 위기, 핵폐기물 처리

익숙한 용어도 있고 낯선 용어도 있을 겁니다. 낯선 것들은 일단 제쳐 두세요. 자주 들어서 익숙해진 주제를 먼저 골라서 여러분의 의견을 조금씩 정리해 두세요. 처음부터 논리적으로 설명하기는 어렵겠지만 조금씩 보완해 나가면 됩니다. 가령 존엄사나 낙태, 사형제처럼 찬성과 반대 입장이 뚜렷이 나뉘는 문제에 대해 여러분의 입장은 어느 쪽인지 정해 봅시다. 한쪽을 지지하세요. 찬반을 결정하고 나면 그렇게 결정한 까닭을 한 문장 정도로 덧붙이세요. 아직 공개할 필요가 없는 개인 의견이니까 여러분이 느낀 대로 솔직하게 적으면 됩니다. 다음처럼 간략하게 자기 의견을 적어 둡시다.

나는 존엄사를 찬성한다. 자기를 위해서도 그렇고 가족을 위해서도 그게 더 나은 선택 같다. 자살과는 좀 다른 것 같다.

자기 생각을 솔직하게 표현하는 게 중요합니다. 좀 엉뚱한 생각

글의 가치를 높이는 갈래별 글쓰기 요점

이 들더라도 괜찮습니다.

> 저출산이 왜 사회 문제인지 모르겠다. 인구가 적어지면 경쟁도 줄어들고
> 더 좋을 것 같은데…

자기 의견이 어느 정도 정리되면 관련 자료를 찾아 검토한 다음, 주장을 뒷받침할 만한 내용을 간추려서 한두 문장 정도 보완하세요. 이 과정에서 예전에는 미처 몰랐던 사실을 알게 되어 자기 입장을 바꾸거나 보완할 수도 있습니다. 그러면서 논리는 더 탄탄해집니다. 이런 과정이 바로 좋은 논술 공부입니다. 우리가 사는 세계의 구성원들이 고민하는 문제에 동참하고 더 나은 대안을 궁리하는 것이 논술의 목적이기 때문이지요.

여러분은 '어둠의 경로'로 영화를 구해 본 적이 있나요? 논술 주제 중 하나인 저작권에 관해 이야기해 보겠습니다. '어둠의 경로'로 영화를 보는 것에 찬성하나요, 반대하나요? 이것은 범죄일까요, 아닐까요? 미국에서는 이를 범죄라고 규정했고 유럽에서는 이것이 불법이 아니라고 규정했습니다. 여러분의 생각은 어떤가요? 돈을 벌 목적이 아니라 집에서 혼자 보려고 파일을 받는 것도 불법일까요? 올바로 판단을 내리려면 저작권에 관해 공부를 해야 하고, 저작권의 목적이 무엇인지 따져 보아야겠지요. 저작권이 창작자를 보호하기 위한 것이라면 '어둠의 경로'는 철저히 없애야 할 사회악이 될 테지만, 저작권의 목적이 창작물을 모든 사람이 공유하는 것이라고

하면 개인적으로 영화를 구해 보는 것은 그다지 문제가 되지 않을 겁니다. 자기 입장을 웬만큼 정리하고 나서 미국에서는 왜 불법이라고 판단했고 유럽에서는 왜 불법이 아니라고 판단했는지 알아보면 주장을 더 효과적으로 펼칠 수 있겠지요.

조금 더 무거운 문제로 들어가 보겠습니다. 여러분은 핵발전소 시설이 늘어나는 것을 찬성하나요? 핵발전의 위험성을 모르는 사람은 별로 없을 겁니다. 몇 년 전에 이웃 나라 일본에서 일어난 '후쿠시마 원전 사고'라든지, 30년 전에 일어난 '체르노빌 원전 사고'에 관해 들어 보았을 테니까요. 엄청난 피해가 발생했는데도 핵발전소가 여전히 가동되고 또 계속 지어지는 것은 가장 적은 비용으로 가장 많은 전기를 생산하는 시설이기 때문입니다. 핵발전소 가동을 당장 중단하거나 급격히 줄인다면 전기 요금이 어마어마하게 치솟을 것이며, 필요할 때 전기를 사용하지 못할 수도 있겠지요. 그래서 장기적인 단계별 해결 방안이 필요합니다. 여러 전문가들의 의견에 귀를 기울여야 하겠지요.

핵발전소를 가동하며 생기는 핵폐기물 처리에 대해 여러분은 어떤 생각을 갖고 있나요? 의견을 제시하고 판단을 내리려면 핵발전과 핵폐기물에 관해 조사해 봐야겠지요. 인터넷으로 자료를 검색하면 여러 동영상을 찾을 수 있습니다. 시간을 쪼개어 이 영상을 보기 바랍니다. 「영원한 봉인」이라는 다큐멘터리는 핀란드에서 단단한 암석 지대의 지하 5킬로미터 깊이에 짓고 있는 핵폐기물 처리 시설인 '온카로'에 관해 다루었습니다. 핵폐기물은 독성이 너무 강해서 인간에게 해를 입히지 않는 상태가 되려면 10만 년 정도 시간이 필요합니다. 그래서 사람들은 이 위험한 폐기물을 없애거나 안전하게 보관하는 방법을 궁리하기 시작했지요. 핵폐기물을 한데 모아서 로켓에 실어 우주 공간에 버리면 어떨까요? 괜찮은 방법 같아 보이기도 하지만 발사할 때 로켓이 폭발하기라도 하면 되돌릴 수 없는 비극이 발생할 겁니다. 깊은 바닷속에 버리면 어떨까요? 여전히 위험성은 큽니다. 혹시라도 사고가 일어나 바다가 온통 오염돼 버리면 인류 멸망까지 각오해야 하거든요. 핀란드 땅속 깊은 곳에 건설되고 있는 '온카로'는 그런 심각한 고민 끝에 등장한 대안입니다. '온카로' 같은 시설을 지어 현재 발생하는 핵폐기물을 조금 더 안전하게 처리하고 핵발전 의존도를 조금씩 줄여 나가면 어떨까요? 좋은 대안이 될 수 있겠지요. 다른 주제에 관해서도 이런 방식으로 여러분의 의견을 정리해 두기 바랍니다.

물론 논술 영역이 시사적인 주제만 다루는 것은 아닙니다. 우리의 현실에서 제기되는 문제들뿐 아니라 아주 오랫동안 지속된 근본적인 앎의 문제나 윤리적인 문제에 관해서도 다루지요. 예를 들면 "올바른 인식에 어떻게 도달할 수 있는가?"라든지 "인간의 상호 이해와 공감은 어디까지 가능한가?" 같은 어려운 주제가 등장하기도 합니다. "열 명의 목숨을 살리기 위해 한 명의 목숨을 희생시키는 것이 정당한가?"처럼 대답하기 곤란한 주제도 있고요. 이런 심각한 주제에 당장 접근하기는 어렵습니다. 나중에 이런 것까지 공부하게 된다는 점만 알아 두고 넘어갑시다. 근본적이고 까다로운 주제에 관해 자기 의견을 잘 표현하려면, 먼저 현실적인 문제들을 고민하며 자기 견해를 뚜렷이 펼쳐 보는 연습을 많이 하는 것이 유익합니다. 구체적인 것을 잘 파악해야 보편적인 것도 깊게 이해할 수 있기 때문입니다.

논술은 정답을 골라내는 일이 아니라 합리적인 해답을 찾아보는 과정입니다. 즉, 누구나 충분히 납득할 수 있도록 자기 의견을 설명하고 타인을 설득하는 과정이지요. 다양한 합리적인 해답들이 자유롭게 공유되는 사회를 우리는 민주 사회 또는 열린 사회라고 부릅니다. 조금 거창하게 말하면 논술은 우리가 민주 시민으로서 자격이 있는지 검증해 보는 글쓰기입니다.

글의 가치를 높이는 갈래별 글쓰기 요점

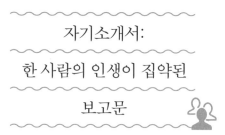

자기소개서:
한 사람의 인생이 집약된
보고문

앞서 쓴 모든 체험과 기록을 집약한 보고문이 자기소개서입니다. 자기소개서는 현재 자기 모습과 미래의 포부를 적는 문서라기보다는, 지난 학창 시절의 경험 목록을 주제 연관성에 맞추어 조리 있게 간추린 보고문에 가깝습니다. 여러분이 어떤 사람이고 싶은지 표현하는 일보다는, 어떤 사람이었는지 표현하는 일이 더 중요하다는 점을 늘 명심해야 합니다. 장래 계획을 세우는 방법에 관해 먼저 살펴보지요. 우리가 무수히 반복한 구체성 원칙을 적용해 봅시다.

평범한 장래 계획	구체적 장래 계획
정치외교학과에 들어가서, 나중에 훌륭한 외교관이 되고 싶다.	안중근 의사가 이루고자 했던 동북아시아 평화 체제 구축에 기여하고 싶다. 꾸준히 역사학을 공부하면서, 실제 동북아 외교 현장에서 활동하는 외교관이 되고자 한다.

그다음으로 중요한 원칙이 있었지요. 판단보다는 판단 근거가 되는 과정을 보여 주라고 했습니다.

판단 (결과)	판단 근거(과정)
영어를 좋아하고 외국인과 대화하는 데 두려움이 없다.	평창스페셜올림픽에서 5일간 영어 통역 자원봉사자로 활동했다.

영어 실력을 누가 더 잘 입증하고 있나요? 제가 입학사정관이라면 오른쪽 학생을 눈여겨볼 것 같습니다. 실천하는 태도가 좋아 보이니까요. 구체적으로 표현하기, 판단 근거 보여 주기, 이 두 원칙을 명심하며 자기소개서를 차근차근 작성해 봅시다.

먼저 개요를 짜야 하는데요, 자기소개서는 자기 삶을 집약한 것이기 때문에 삶의 개요를 먼저 구성해야 합니다. 달리 말해 인생 계획을 먼저 세워야 합니다. 보통 장래 계획 순서를 고등학생 시절, 대학생 시절, 직장… 등 시간순으로 정하기 쉬운데요, 더 바람직한 순서는 그 반대입니다. 1년 뒤 계획을 먼저 세우고, 그다음 3년 계획, 5년 계획, 10년 계획 순서로 미래를 확장하며 장래를 기획하지 말고, 먼 인생 목적이나 장기 목표를 먼저 정한 다음 현재를 향해 거슬러 내려오세요.

예를 들어 세계문화유산 보존 전문가가 되겠다는 장기 목표를 세웠다면 이제 한 단계 아래로 내려오세요. 그러기 위해서는 무엇이 필요할까요? 유네스코 연구원이 되면 실무 경험을 쌓을 수 있으니 그것을 단계별 목표 중 하나로 정합니다. 유네스코 연구원이 되려면 어떤 대학원이나 대학을 선택하면 좋을지 살펴보고 이를 그다음 목표로 삼고요. 그 대학에 진학하려면 어떤 준비를 해야 하는지 그다음 목표를 세웁니다. 그러면 지금 여러분이 꼭 해야 하는 일들 목록이 나올 겁니다. 이렇게 미래에서 현재로 시간을 거슬러 세부 계획으로 내려오는 게 더 나은 인생 설계법입니다. 그러면 여러 활동 중 어느 것에 비중을 더 두어야 하는지 구체적인 전략도 세울 수 있지요. 전략을 세우고 나면 평소에 그냥 지나쳤던 문화체육관광부의 한국문화유산 청소년 홍보대사 모집 광고도 눈에 들어오지 않을까요?

물론 삶을 이렇게 계획한다고 해도 그대로 이루어지지는 않을 겁니다. 그러나 중장기 목표와 이를 이루기 위한 단기 목표로 자기 삶을 구획하고 하나씩 이루려는 태도는 중요합니다. 그 노력들이 모여 미래를 만드니까요.

응용과학 분야로 진로를 설정한 학생이라면 웹 서핑을 할 때 구글사이언스페어 같은 행사도 눈에 띌 겁니다. 아는 만큼 보이는 법이거든요. 환경 분야에서 일하고 싶다면 환경과 관련한 값진 경험을 차근차근 만들어 가야 합니다. 지금부터 시작하면 '3년 동안'이라고 쓸 수 있지만, 내년에 시작하면 '2년 동안'이라고밖에 쓸 수 없겠지요. 제가 가르친 학생 중에 맨체스터 유나이티드나 FC바르셀로나 같은 명문 프로축구팀의 마케팅 매니저가 되고 싶다는 친구가 있습니다. 목표를 이루기 위해 무엇을 준비하고 있느냐고 물었더니 영어 공부를 열심히 한다고 하더군요. 그때 상담하면서 저는 이런 저런 질문을 건넸습니다.

- 축구 공부는 어떤 식으로 하고 있는지? 꼭 대학에 가야 하는지?
- 두 팀의 마케팅 매니저와 연락이 닿는다면 어떤 것을 물어보고 싶은지?
- 국내 프로축구팀의 마케팅 활동에 관해서는 알아보았는지?
- 가령 FC서울 축구팀의 마케팅 일을 하게 된다면 무엇을 어떻게 해 보고 싶은지?
- 스포츠 마케팅과 연관되는 온오프라인 활동은 뭐가 있을지?
- 축구 마케팅 전문 블로그나 인터넷 카페를 운영해 볼 계획이 있는지?

막연하게만 생각했던 미래의 꿈에 대해 현실성을 주려고 조금 과하다 싶을 정도로 여러 가지를 얘기했지요. 그러면서 저는 그 친구에게 일단 국내 프로축구팀의 마케팅 기획자에게 정성껏 이메일을 보내 의견을 들어 보라고 권했습니다. 연고지가 서울이니 FC서울 마케팅 기획자에게 연락을 해 보라고 했지요. SNS로 의견을 주고받을 수도 있겠고요. 그렇게 의견을 나누고 조언을 듣다 보면 생각도 유연해지고 미처 생각하지 못한 새로운 아이디어가 떠오를지도 모릅니다. 이미 세계 최고인 팀에 입사하는 걸 목표로 삼을 게 아니라, FC서울을 세계적인 명문 프로팀으로 키우고 싶다는 새로운 꿈을 품을 수도 있지 않겠어요?

자기소개서 구성 요소

면 인생 목표를 세우고 나서 가까운 목표로 내려오다 보면, 지금 여기가 아니면, 나중에는 도저히 할 수 없는 경험들도 보일 겁니다. 반드시 직업을 택하고 대학에 가는 목표만이 아니라 다른 미래의 모습, 하고 싶은 것에도 해당되는 이야기이지요. 저는 영화 「그래비티」가 좋아서 온라인 영화 사이트에서 여섯 번쯤 봤는데요, 개봉했을 때 영화관에서 못 본 게 한스러울 정도입니다. 2013년 10월부터 2014년 4월까지 다섯 달도 넘는 시간이 주어졌는데도 그냥 지나쳤지요. 후회해 봐야 소용이 없습니다. 재개봉한다는 보장도 없고요. 이렇게 그때가 아니면 나중에 하기 어렵거나 할 수 없는 일들이 많습니다. 「그래비티」의 교훈은 2016년 5월 파주에서 '구텐베르크 특별전'이 열렸을 때 도움이 됐습니다. 독일 마인츠에 있는 구텐베르크 박물관의 여러 유물들이 전시되고 구텐베르크 인쇄기로 직접 체험도 해 볼 수 있다고 하더군요. 이때를 놓치면 나중에 후회할까 봐 바쁜 일정을 미뤄 두고 전시회에 다녀왔습니다.

2008년에 제가 지도한 한 중3 학생의 장래 희망은 스포츠 행정가였습니다. 저는 이 학생이 올림픽이나 월드컵 같은 커다란 국제 대회를 되도록 이른 시기에 직접 체험하기를 바랐습니다. 함께 정보를 찾아보다가 이 학생이 사는 고양시에서 이듬해에 큰 국제 대회가 열린다는 사실을 알았지요. 장미란 선수도 출전한 2009년 고양 세계역도선수권대회였습니다. 이 학생은 그 대회에서 행사 진행 자원봉사자로 활동했습니다. 매우 값진 경험이었다고 말하더군요. 이 역시 미리 준비하지 않으면 체험하지 못했을 겁니다.

가령 2018년 평창동계올림픽을 경기장에서 직접 관람하는 일도 그러할 겁니다. 올림픽을 여러분의 인생에 값진 경험으로 남기고자 한다면 지금부터 참여 계획을 짜야겠지요.

그때가 아니면 나중에는 아예 하지 못할 일이 있다는 점을 명심하면 진로 계획과 경험 계획을 세우는 태도가 완전히 달라집니다. 중3이 되면 해야 하는 경험, 고1 때 꼭 해야 하는 경험이 따로 정해져 있다고 말하는 게 아닙니다. 제가 강조하는 것은 어떤 일에 참여한 전체 기간이거든요. 1년짜리 프로젝트를 수행했다고 적으려면 적어도 1년이라는 준비 기간이 필요합니다. 여러분이 나중에 대입 전형 자기소개서에 어떤 활동을 3년간 꾸준히 해 왔다는 구절을 한 줄 적으려면, 지금 여러분이 적어도 고1 이하여야겠지요. 그런데 여러분이 지금 중3이라면 '4년 동안 꾸준히'라고도 적을 수 있을 겁니다. '청소년 정치 토론' 인터넷 카페를 개설하여 5년 동안 운영해 오고 있다는 사실을 면접관에게 당당히 이야기하려면 적어도 중2 때 카페를 만들어야 합니다. 열심히 운영하고 안 하고는 일단 제쳐 두고서라도 말이지요.

늦었다고 생각할 때가 가장 이른 때는 아닙니다. 늦은 게 맞지요. 더 일찍 시작한 사람들과 경쟁하려면 늦게 시작한 만큼 내용을 더 알차게 채우는 수밖에 없습니다. 대부분 학생들이 고3이 되어서야 자기소개서 작성을 시작합니다. 그건 바람직하지 않습니다. 자기소개서는 단순히 글쓰기 기술을 뽐내고 겨루는 글이 아니기 때문입니다. 자기소개서는 그 사람의 인생이 집약된 보고문입니다.

입학사정관제를 비롯해 다양한 수시 전형 방식으로 학생을 선발하는 학교가 늘어나고 있습니다. 어떤 전형은 교과 성적보다 면접 비중이 높지요. 면접은 학생의 능력과 태도를 확인하는 절차인데요, 면접관은 학생의 말이 아닌 행동을 관찰하며 판단합니다. 평소 꼼꼼하게 단계별 목표를 구상하고 기록해 둔 학생은 구체적인 질문에도 잘 대처할 수 있을 겁니다. 지금부터는 본격적으로 자기소개서 작성법을 살펴보겠습니다. 형식과 항목은 대부분 비슷합니다.

먼저 분량 제약이라는 문제가 있습니다. 수없이 많은 지원자들의 글을 읽고 평가를 내려야 하는 평가자는 우수한 자기소개서를 가리기에 앞서 기본이 안 된 글부터 탈락시킬 겁니다. 제출자가 이름을 적지 않았다든지, 지원한 학과명을 잘못 표기했다든지, 필수 기재 항목을 비워 둔 채 제출했다든지, 분량 제약을 어겼다든지 하는 것들은 모두 불합격 사유로 충분하다는 점을 명심합시다. 지원 동기란의 분량은 보통 1,000자 이내입니다. 다른 항목들에 할당된 분량은 훨씬 적지요. 하고 싶은 말을 다 요약해 넣기가 매우 어렵기 때문에 쓸데없는 구절을 버리고 분량을 확보해야 합니다. 재료공학과에 지원하는 두 학생의 글을 비교해 보지요.

충분히 요약되지 못한 글	잘 요약된 글
우리는 살아가면서 여러 화학제품을 사용합니다. 그중에서 플라스틱을 가장 많이 쓰는 것 같습니다. 요즘 주변에 있는 재료는 거의 다 플라스틱입니다. 플라스틱은 일상생활에서 매우 중요한 재료라서, 플라스틱 없이는 생활이 곤란할 정도입니다. 식기를 비롯해 세면도구, 인테리어 가구, 가전제품, 자동차 부품에 이르기까지 안 쓰이는 곳이 없습니다. 그런데 이 유용한 플라스틱에도 단점이 있습니다. 소각할 때 다이옥신이라는 독성 물질이 나온다는 겁니다.	플라스틱을 소각하면 다이옥신이 나옵니다. 인류 복지를 위해 고안된 재료가 오히려 인류 복지를 위협하는 겁니다.

왼쪽은 누구나 아는 뻔한 내용에 많은 분량을 허비한 반면, 오른쪽은 곧바로 본론에 돌입하여 평가자의 시선을 잡아 두었습니다. 자기소개서는 정해진 분량에서 최대한 자신을 드러내야 한다는 점을 잊지 마세요. 그럼 자기소개서 항목별로 조금 더 구체적으로 살펴보겠습니다.

지원 동기

자기소개서의 인상을 결정하는 중요한 항목입니다. 지원하려는 학과의 중점 연구 분야를 미리 조사하여 머릿속에 답변을 정리해 두는 것이 필요합니다. "왜 우리 학과에 지원했습니까?"는 아주 기본적인 질문이기 때문이지요. 어떤 분야를 어떻게 연구하는 학과인지 미리 알아보지도 않고 지원하고서 합격하기를 바라는 건 욕심 같습니다. "점수가 돼서요"라고 지원 동기를 말할 순 없지 않습니까? 해당 학과 홈페이지만 잘 살펴보아도 기본적인 정보는 다 얻을 수 있습니다.

진로 계획

막연히 '~이 되고 싶다' 형식으로 말하기보다는 '~을 하고 싶다' 형식으로 표현하는 게 좋습니다. 희망 직업을 먼저 말하지 마세요. 어떤 목적으로 어떤 것을 하고 싶은지 이야기하고, 그다음으로 하고 싶은 것을 이루는 단계별 목표로서 직업도 말하고 연구 분야도 말하는 게 올바른 순서입니다. 하고 싶은 것이 뚜렷하면 되고 싶은 건 저절로 정해지거든요.

장단점

여기서 '장점'은 '잘하고 싶은' 것이 아니라 '잘하는' 것입니다. 학생들의 평균에 비해 잘한다고 여기는 점을 호소하면 되는데 예를 하나 들면 좋습니다. 여기서 '단점'은 콤플렉스나 나쁜 성격 따위가 아니라 '부족한' 점을 가리킵니다. 잘하고 싶어서 노력하는데 잘 안 되는 것을 솔직히 말하면 됩니다. 개선하려는 노력도 반드시 덧붙이세요. 단점을 적더라도 단점으로만 끝내진 맙시다.

자기 장점을 말할 때 '꾸준한', '한결같은', '성실한' 같은 표현을 자신 있게 할 수 있으려면, 근거가 충분해야겠지요. 그간의 활동을 꼼꼼히 기록해 두는 것도 중요합니다.

특기 능력

자기소개서의 '특기 능력'란은 자격증이나 수상 경력을 나열하는 곳이 아닙니다. '특기 능력'이란 장단점의 연장인데, 이렇게 별도 항목으로 묻기도 하지요. 장점 중 특별하게 잘하는 일이 있다면 이 항목에 다시 언급해도 좋습니다. 단, 더 구체적인 사례를 들어야겠지요. 눈썰미가 좋다고 장점을 밝혔다면, 그 눈썰미를 발휘해 어떤 성과를 냈는지 보여 주면 됩니다. 기억력이 좋은 게 장점이라면, 휴대폰에 저장된 전화번호 500개를 모두 외는 건 특기 능력입니다. 자기만의 비법이 있다면 이어지는 학업 능력 항목과 연관 지어 말할 수 있겠지요. 그런 다음에 자랑할 만한 자격증이나 수상 경력을 덧붙여도 괜찮습니다. 자기소개서에 대외 수상 경력을 아예 적지 못하게 정한 학교도 많으니, 그럴 때는 적으면 안 됩니다. 학교에서 요구한 형식을 어기면 내용이 아무리 좋아도 결격 사유가 됩니다.

학업 능력

여기는 내신 성적을 자랑하는 칸이 아닙니다. 1학년 때 3등급이었다가 2학년 때 2등급으로 오르고… 그런 것을 적기에는 지면이 아깝지요. 지원서를 제출한 학생들의 내신이야 다 비슷비슷합니다. 평소 공부 습관이나 공부법 같은 것을 적으세요. 학생이 어떤 식으로 공부해 왔는지 보면 앞으로 대학에서 어떻게 할지 가늠할 수 있기 때문에, 평가자는 면접 때도 이 항목을 다시 묻습니다. 끈기 있게 하는 것은 기본이지만, 이왕이면 효율도 높아야 그 끈기도 강해지 겠지요.

준비 과정과 노력

삶의 목적을 정하고, 단계별 목표를 이루기 위해 얼마나 오랫동 안 성실하게 노력했는지 검증하는 항목입니다. 이 항목에 들어갈 것들 중에 시간을 이기는 건 아무것도 없습니다. 더 늦기 전에 시작 해야 할 프로젝트가 있는지 지금 바로 확인해 봅시다.

교내외 활동

동아리 활동을 말해도 상관없지만, 여러분이 어떤 동아리에 들어 갔는지 궁금해서 묻는 게 아니라는 점은 알아 둡시다. 이 항목의 목 적은 인간관계와 협업 능력을 확인하는 겁니다. 요즘 연구는 대부 분 협업으로 이루어지기 때문이지요. 동아리 이야기를 하더라도 협 업이 두드러지도록 말하세요. 가령 경진 대회에 출전한 것 자체는 이야기로 삼기에 부족하지만, 경진 대회를 준비하며 관심사가 같은 친구들끼리 협력하고 노력했던 과정은 여기에 딱 어울리는 이야기 입니다. 온라인과 오프라인 활동을 구별해도 괜찮겠지요. 다만 두 모습이 일관되지 않고 어긋나면 오히려 신뢰를 잃을 수 있으니 조 심해야 합니다.

어려움 극복 사례

사는 모습이 비슷하니까 학생들이 마주하는 어려움도 대체로 비슷합니다. 그렇지만 극복 방법은 저마다 다른 것 같습니다. 어려움을 극복하는 건 결국 자기 의지에 달려 있는데요, 그 의지는 가치관에서 나오기 때문에 이 항목 역시 묻고 있는 건 가치관, 즉 선택의 기로에서 판단 기준이 뭔지 물어보는 셈입니다. '선생님 격려 덕에'라든지 '부모님과 솔직한 대화로'라고 말하고 그치기보다는 더 구체적으로 표현하면 좋겠습니다. 외부의 도움이 있었더라도 어려움을 이겨 낸 자신의 의지를 강조하기 바랍니다. 두드러지는 한 가지 극복 사례를 구체적으로 쓰세요. 여러분의 의지를 문장의 주어로 삼으세요. 물론 평소에 실제로 자신이 난관을 극복한 학생에게만 그렇게 대답할 수 있는 자격이 주어지겠지요.

읽은 책

겉으로 보면 학생에게 영향을 많이 끼친 책을 묻는 항목인데요, 속을 들여다보면 실제 알고자 하는 건 책이 아니라 그런 책들을 선택한 <u>학생의 안목과 가치관</u>입니다. 그러니 아무리 좋은 고전을 읽었다 해도 안목이나 가치관과 무관하면 겉멋일 뿐이고, 아무리 최신 베스트셀러를 읽었다 해도 안목과 가치관이 잘 반영되었다면 훌륭한 태도를 갖춘 학생으로 인정받을 겁니다. 안목이 좋은 학생은 만화『원피스』에서도 충분히 훌륭한 점들을 발견하는 법이니까요.

기타(자유 서술)

면접관으로 하여금 추가로 물어보고 싶은 마음이 들게 할 만한 이야깃거리를 준비합시다. 독특한 취미 활동도 좋고, 드문 체험담도 좋습니다. 주제 일기나 테마 여행 같은 것도 좋은 이야깃거리이니 대표 사례를 간추려 둡시다.

자기소개서는 여러분의 삶을 진솔하게 요약한 설명서입니다. 좋은 삶의 모습이 딱 하나만 있는 것이 아니듯 좋은 자기소개서 역시 모범 답안이 하나만 있는 것은 아닙니다. 따라서 다른 사람의 자기소개서와 비교할 필요도 없지요. 구체적인 경험을 토대로 여러분이 하고자 하는 이야기를 조리 있게 표현하는 것이 중요합니다. 입시에 임박하여 쓰기보다는 평소에 자주 써 보고 점검하며 조금씩 개선해 나가기를 권합니다.

글의 가치를 높이는 갈래별 글쓰기 요점

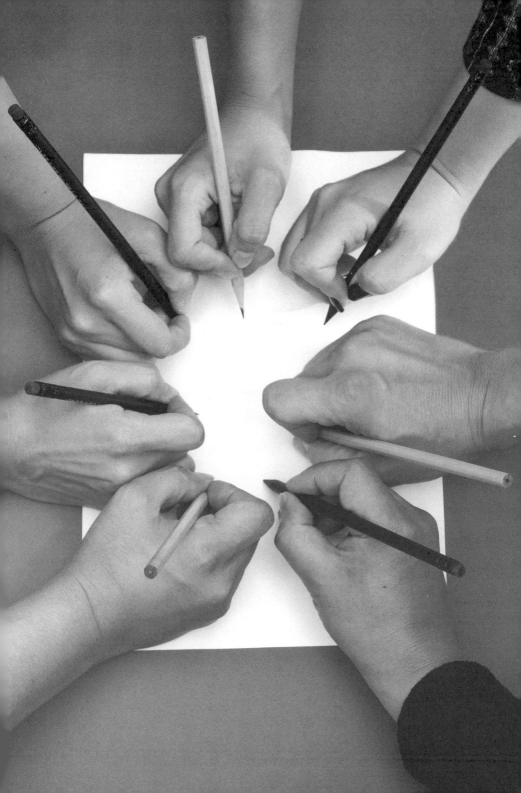

"

고치기

형식이 훌륭해도 그것이 담고 있는 내용이 형편없다면 어떨까요? 그건 좋은 글이 아닐 겁니다. 반면 형식이 좀 어설퍼도 내용만 훌륭하면 좋은 글이 될 수 있지요. 언제나 형식보다는 내용이 더 중요합니다. 그렇지만 형식을 잘 갖추지 않으면 글은 최고 수준까지 올라가지는 못할 것입니다. 문법을 공부하고 퇴고 기술을 배우는 목적은, 엉망인 상태를 괜찮게 바꾸기 위함이기도 하지만, 좋은 상태를 더 좋게 다듬어 주기 위함이기도 합니다.

퇴고를 위해 알아야 할
최소한의 문법 공부

문법은 문장의 뜻을 더 잘 전달하려고 만든 규칙입니다. 무조건 외우려고 하면 안 되고, 그 규칙이 왜 생겼는지 먼저 살펴보는 일이 매우 중요하지요. 쓰는 목적을 잘 알면 도구를 더 능숙하게 사용할 수 있기 때문입니다. 여기서 성취해야 할 우선 목표는 품사와 문장 성분을 구별하는 것입니다. 품사를 안다는 것은 단어의 뜻과 속성을 안다는 뜻이고, 문장성분을 안다는 것은 각 요소가 문장 안에서 어떤 역할을 하는지 안다는 말입니다. 그것만 알아도 어떻게 단어가 모여 문장을 이루고 문장이 모여 글을 이루는지 한눈에 보이지요. 여러분이 이 책을 읽고 관형사와 관형어의 차이점을 뚜렷이 구별할 수 있고 예를 들면서 설명할 수 있다면, 여러분은 문법 공부의 기초를 탄탄히 닦은 셈이니 자신감을 품어도 좋습니다.

경기도 포천에 있는 국립수목원에 다녀온 적이 있습니다. 수목원에 가기 전에 식물도감을 보며 예습을 좀 했지요. 저는 도토리가 열리는 나무인 참나무에 관심이 많아서 그 부분을 중점적으로 보았습니다. 참나무에는 떡갈나무, 신갈나무, 갈참나무, 졸참나무, 굴참나무, 상수리나무가 있는데, 잎 모양이나 도토리 모양을 비교하며 여섯 가지 참나무를 구별하는 방법을 익혔습니다. 수목원 탐방에 동행한 숲 해설가가 때마침 참나무 하나를 가리키며 어느 나무인지 맞혀 보라고 퀴즈를 내더군요. 모범생인 저는 금세 정답을 알았으나 괜히 잘난 척을 하는 것 같아 답변을 망설였지요. 그래도 예습한 게 아까워서 잠시 후에 쑥스럽게 손을 들며 신갈나무라고 답을 말했습니다. 그러자 숲 해설가는 웃으며 정답은 '떡신갈나무'라고 설명하더군요. 떡갈나무와 신갈나무의 교배종이랍니다. 저는 그동안 참나무에 여섯 종만 있는 줄 알았지, 무수한 교배종이 존재한다는 사실까지는 미처 몰랐습니다.

문법 지식을 쌓는 일도 참나무에 관해 알아 가는 것과 비슷합니다. 모든 것을 알려고 하면 한도 끝도 없지만, 자주 쓰는 몇 가지 사항을 먼저 잘 익혀 두는 것은 어려운 일이 아닙니다. 2대8 법칙이라는 것이 있습니다. 예를 들어 마트의 단골 고객 20퍼센트가 전체 매출의 80퍼센트 정도를 차지합니다. 언어생활도 마찬가지입니다. 전체 어휘 중에 20퍼센트 정도가 전체 언어생활의 80퍼센트를 차지하지요. 문법 사항 역시 자주 나오는 문법 사항 20퍼센트를 먼저 잘 익혀 두면 문법 공부의 효율성이 아주 높아집니다. '치르다(○)/치루다(×)', '사귀었다(○)/사겼다(×)'처럼 사람들이 자주 쓰면서도 늘 혼동하는 맞춤법 정보를 먼저 알아 두면 맞춤법 공부에 자신이 붙습니다.

한국어를 분석하면 수없이 많은 특성이 도출됩니다. 그중에서 우리가 꼭 알아야 할 점 하나만 살펴보겠습니다. 바로 '첨가어'라는 특성입니다. 첨가어란 원래 있는 말에 다양한 말이 덧붙으면서 뜻이 만들어지는 언어를 일컫습니다.

이곳이 / 이곳은 / 이곳을 / 이곳에서 / 이곳에서부터 / 이곳에서부터는…

'이곳'이라는 단어(대명사)에 '-이', '-은', '-을' 같은 말(조사)이 첨가되어 말뜻을 바꾸고 있습니다. '이곳에서'에 '-부터'라는 조사가 또 첨가되어 '이곳에서부터'가 되었고, 여기에 조사 '-는'이 다시 첨가되어 '이곳에서부터는'이라는 새로운 말이 되었지요. 이런 것이 첨가어의 특징입니다. 한국어 조사는 몇 개나 될까요? 100개가 넘습니다. 참 많지요. 그렇지만 주로 20여 개 조사들이 서로 결합하면서 나머지 80여 개를 만드는 것이니 지레 겁을 먹을 필요는 없습니다. 떡신갈나무처럼 말이지요. 조사를 풍부하게 사용하는 사람은 한국어 실력이 좋을 게 틀림없습니다. 한국어의 특징을 잘 파악한 사람이니까요.

첨가어의 특징을 잘 보여 주는 또 다른 현상이 동사와 형용사의 어미 변화입니다. 동사와 형용사는 어간과 어미로 이루어져 있습니다. '사랑하다'라는 동사는 '사랑하는', '사랑하여', '사랑하므로'처럼 모습이 바뀔 수 있지요. 이때 '사랑하-'는 원래 모습이 바뀌지 않은 채 남아 있습니다. 이 부분을 말의 줄기, 즉 어간이라고 부릅니다. '-다', '-는', '-여', '-므로'에 해당하는 부분은 말의 꼬리, 즉 어미라고 부르고요. 어미는 문장 안에서 여러 모습으로 바뀝니다. 어미가 자기 모습을 바꾸는 것을 '활용'이라고 일컫습니다.

'사겼다'나 '바꼈다'가 틀린 표현인 까닭은, '사귀다'라는 동사의 어간이 '사귀-'이고, '바뀌다'라는 동사의 어간이 '바뀌-'이기 때문입니다. 어간은 바뀌는 부분이 아니니까, '사귀었다'를 '사겼다'로 줄일 수 없고 '바뀌었다'를 '바꼈다'라고 줄이지 못합니다. '사귀다'와 '바뀌다'처럼 동사나 형용사의 가장 기본적인 형태를 기본형이라고 부르는데요, 사전에는 기본형만 올라갑니다. 기본형의 어간을 알면 다양하게 활용되는 말들을 저절로 알게 되니까 굳이 활용형까지 모두 사전에 수록할 필요가 없지요. 한국어 문법 공부에서 조사 다음으로 어간을 잘 파악하는 것이 중요하다는 결론에 다다랐네요. 달리 말해 동사나 형용사의 기본형을 잘 익히는 것이 중요합니다.

어떤 기자가 "올림픽을 치루면서"라고 쓴다면 '치르다'라는 기본형을 찾아보지 않은 겁니다. "담배를 피면"이라고 쓰는 사람은 '피우다'라는 기본형을 모르고 있는 것이지요. "이불을 피고"라고 쓰는 사람은 '펴다'라는 기본형을 모르는 것이고요. "그게 내 바램이야"가 틀린 문장인 것은 '바라다'라는 기본형이 '바람'으로 바뀔 순 있어도 '바램'으로 바뀔 순 없기 때문입니다.

조사와 어간/어미의 쓰임새에 관해 감을 잡았으니, 이제 접사를 공부해 보지요. '파랗다'라는 형용사가 있습니다. '새파랗다'는 '파랗다'에 '새'가 붙은 말이지요. '파랗다'와 '새파랗다'의 의미 차이는 별로 없습니다. 그렇지만 어감이 미묘하게 다르죠. 이렇게 원래 말에 붙어서 뜻을 아주 조금 바꾸는 말을 '접사'라고 부릅니다. '접착'의 '접' 자와 뜻이 같은데요, 잇는다는 말이지요. 말의 앞에 첨가되면 접두사, 말의 뒤에 첨가되면 접미사라고 합니다. '덧버선'의 '덧-'은 접두사이고 '30분간'의 '-간'은 접미사입니다. '덧-'은 '버선'이라는 말의 원뜻을 아예 바꾸지는 않습니다. 섬세하게 다듬을 뿐이지요. '-간' 역시 '30분'이라는 말의 원뜻을 바꾸지 않고 약간 강조할 뿐입니다. 이것이 접사의 역할입니다. 여기까지가 한국어의 가장 두드러진 특징인 첨가어에 관한 설명입니다.

한국어 문법은 단어의 종류를 9가지 품사로 분류합니다.

예	소분류	대분류
이강룡, 작가, 선생	명사	체언
나, 우리, 이것, 저것	대명사	
하나, 둘, 첫째, 둘째	수사	
말하다, 쓰다	동사	용언
아름답다, 깔끔하다	형용사	
저, 한, 몇, 어느	관형사	수식언
매우, 굉장히, 그리고, 그래서	부사	
오, 아하	감탄사	독립언
이/가, 은/는, 을/를, 의, -이다	조사	관계언

앞서 '분류: 정보를 지식으로 발전시키려면'에서 정보를 소분류, 대분류로 묶어 보라고 했는데요, 문법학자들이 그 방법을 취하여 단어의 종류를 정리해 둔 것입니다. 우리가 쓰는 단어들 중에서 비슷한 특징을 지닌 말들을 묶어서 9가지 소분류를 만들었고, 그 소분류 항목들 중에서 또 비슷한 특징을 지닌 것들을 묶어 5가지 대분류를 만들었습니다.

아기가 말을 배울 때 먼저 익히는 건 명사겠지요. 엄마, 아빠, 쭈쭈, 맘마, 웅가, 물…. 그리고 동시에 이거, 그거, 저거 같은 대명사도 익히고, '하나', '둘', '셋' 같은 수사도 아울러 익힐 겁니다. 명사, 대명사, 수사는 문장에서 대개 비슷한 역할을 하는데요, 문법학자들은 이것들을 한데 묶어서 '체언'이라고 이름을 붙였습니다.

아이는 곧 '좋아'나 '싫어' 같은 형용사나 '주세요' 같은 동사도 구사할 겁니다. 문법학자들은 문장에서 비슷한 역할을 하는 이 두 종류 말을 '용언'이라고 일컬었습니다. 의사 표현이 조금 다양해지면서 아이는 '이'(관형사), '많이'(부사)처럼 뒷말의 뜻을 뚜렷하게 만드는 말을 쓸 텐데요, 이런 말을 '수식언'이라 합니다. 제 아이가 어느 날 어린이집에서 '헐' 같은 감탄사를 배워 왔습니다. 한국어 교사인 제게는 시련과 같지만 일단 내버려 둡니다. '헐'이라고만 써도 완전한 문장이 되므로 이를 '독립언'이라고 부릅니다. 다섯 살 정도 되면 단어를 조합하여 그럴싸한 문장을 구사하는데요, 명사에 조사를 붙이는 방법과 어감의 차이를 자연스럽게 터득합니다. "선생님이 사탕 주셨어요"라고 말하지 "선생님은 사탕 주셨어요"라고 엉뚱한 조사를 말하지 않습니다. 조사는 단어와 단어 사이를 이어 준다고 하여 '관계언'이라 부릅니다.

의존명사, 접사 같은 품사는 이 품사 분류에 빠졌습니다. 의존명사는 '것', '수'처럼 홀로 쓰이지 못하고 '내 것', '하는 수 없이'처럼 문장 안에서 반드시 앞에 자신을 꾸며 주는 말인 관형어가 필요한 품사로서 명사에 포함됩니다. 퇴고 연습 때 다시 다루겠습니다. 접사 역시 9품사 분류에 따로 넣지 않습니다. 더러 접속사가 왜 없냐고 묻는 학생들이 있는데요, 한국어 문법에서 접속사는 부사(접속부사)에 포함됩니다.

이렇게 품사를 개괄해 봤으니 끝으로 해당 품사가 문장 안에서 어떤 역할을 하는지 살펴보겠습니다. 어떤 품사가 문장 안에서 어떤 역할을 하는지 설명하는 용어가 '문장성분'입니다. 예를 들면, 명사는 문장 안에서 주로 주어나 목적어로 쓰입니다. 그렇지만 보어나 서술어로 쓰일 때도 있고 관형어나 부사어의 역할을 할 때도 있지요. '이강룡'이라는 명사가 문장 안에서 어느 문장성분으로 쓰이는지 정리해 봤습니다.

1. 이강룡은 글쓰기 선생이다. (주어)

2. 이강룡을 닮아라. (목적어)

3. 저 사람은 이강룡이 아니다. (보어)

4. 그 글쓰기 선생의 이름은 이강룡이다. (서술어)

5. 이강룡의 책을 읽어라. (관형어)

6. 이강룡처럼 써라. (부사어)

7. 이강룡, 참나무를 사랑하는 남자. (독립어)

1번 문장에서 명사 '이강룡'은 조사 '-은'을 만나서 주어가 되었습니다. '이강룡'이 주어가 아니라 '이강룡은'까지가 주어입니다. 2번 문장에서 명사 '이강룡'은 목적격 조사 '-을'을 만나서 목적어가 되었지요. 3번 문장에서 명사 '이강룡'은 보격 조사 '-이'를 만나서 보어가 되었습니다. 4번 문장에서 명사 '이강룡'은 서술격 조사 '-이다'를 만나서 서술어로 쓰였습니다. 5번 문장에서 명사 '이강룡'은 관형격 조사 '-의'를 만나서 관형어가 되었습니다. 6번 문장에서 명사 '이강룡'은 부사격 조사 '-처럼'을 만나서 부사어가 되었지요. 7번 문장에서 명사 '이강룡'은 문장 안에서 홀로 제 역할을 수행하는 독립어로 쓰였습니다.

관형사는 품사고, 관형어는 문장성분입니다. 물론 관형사가 문장 안에서 관형어로 쓰일 때가 가장 많지만, '자기 희생'처럼 '자기'라는 명사가 뒷말 '희생'을 꾸미는 관형어 역할을 할 때도 있습니다. 부사는 품사를 가리키지만 부사어는 문장성분을 가리킵니다. 부사가 부사어로 쓰일 때가 가장 많지만, 부사가 아닌 품사들에 부사격 조사 '-처럼' 등이 첨가되어 부사어가 되기도 하지요. 이제 품사와 문장성분을 구별할 수 있겠지요?

여러분은 한국어 문법에서 가장 중요한 20퍼센트를 공부했습니다. 여러 번 반복해서 읽으며 자기 것으로 만들기 바랍니다. 그러면 나머지 문법 80퍼센트는 여러분 스스로 공부할 수 있습니다.

글을 더 돋보이게 만드는
9가지 퇴고 기준

이제 마지막까지 왔습니다. 조금만 더 힘을 내 주세요. 글을 다듬는 과정은 쓰는 것보다는 쉬우니까요. 앞에서 문장의 유기적 관계에 관해 배웠습니다. 생명체의 신체 기관들처럼 필요 없는 부분이 하나 없이 각자 제 역할을 하면서, 건강한 생명 유지 활동이라는 한 가지 목적에 기여하는 상태를 '유기적 관계'라고 부른다고 했습니다. 글쓰기도 마찬가지라고 했지요. 단어 하나, 문장부호 하나, 첨부 사진 하나에 모두 뚜렷한 목적이 있어야 합니다. 그 요소들이 주제 전달이라는 한 가지 목적으로 긴밀하게 연관돼야 하지요. 아래 두 말을 비교해 보세요.

도와주셔서 <u>진심으로</u> 고맙습니다.
친구를 <u>진심으로</u> 대하는 것이 중요합니다.

두 문장에 모두 '진심<u>으로</u>'가 들어갔습니다. 그런데 역할은 다릅

고치기

니다. 첫 문장에 쓰인 '진심으로'는 문장에서 빠져도 괜찮습니다. 문장 뜻에 지장을 주지 않거든요. 그런데 둘째 문장에서 '진심으로'를 빼 버리면 '친구를 대하는 것이 중요합니다'가 되어 무슨 뜻인지 제대로 전달되지 않습니다. 둘 다 부사어인데도 맥락에 따라 필요할 때가 있고 그렇지 않을 때가 있습니다. 아래 두 문장에는 모두 '진짜'라는 말이 있는데 품사와 문장성분을 구별해 보세요.

난 국어 선생님이 <u>진짜</u> 좋아.
내가 국어 선생님을 좋아하는 마음은 <u>진짜</u>야.

첫째 문장의 '진짜'는 부사어(문장성분)로 쓰인 부사(품사)고, 둘째 문장의 '진짜'는 서술어(문장성분)로 쓰인 명사(품사)입니다. 둘 다 어법에 맞지요. 그런데 '진짜'가 제 역할을 하는 건 둘째 문장입니다. 진짜라는 말은 애초에 명사였기 때문입니다. 반대말은 '가짜'지요. 첫째 문장에서 '진짜'를 빼고 읽어 보면 문장 뜻이 거의 안 변합니다. 달리 말하자면 첫째 문장의 '진짜'는 문장 안에서 맡은 역할이 거의 없습니다. 둘째 문장에서 '진짜'를 빠뜨리면 문장의 뜻이 엉망이 됩니다. 문장에서 빠뜨릴 수 없지요.

문장에 꼭 필요한 표현, 필수는 아니지만 쓸모 있는 표현, 별로 쓸모가 없는 표현, 쓰면 안 되는 잘못된 표현… 이렇게 표현의 쓰임새를 구별하다 보면 자연스럽게 문법 공부가 될 겁니다. 문장의 유기적 관계에 기여하는지 그렇지 않은지 살펴보면서, 유기적 관계에 도움이 안 되는 쓸데없는 표현들을 쓰지 않으려고 노력해야 합니다.

"학급회의에서 찬반 여부를 묻다." 또는 "실종자의 생사 여부를 확인하다." 같은 문장에서 '여부'는 불필요한 단어입니다. "찬반을 묻다"라든지 "생사를 확인하다"라고 쓰는 게 간결하고 올바르지요. 우리가 이런 동어반복을 피하려고 하는 것은 유기적인 관계를 살려서 문장을 더 매끄럽게 만들기 위해서입니다.

퇴고는 글을 더 자연스럽고 매끄럽게 만들기 위해 문장의 유기적 관계, 전체 구조의 유기적 관계를 마지막으로 검토하는 과정입니다. 첫 단락에서 쓴 내용을 둘째 단락에서 또 쓰면 읽는 흥미가 떨어질 겁니다. 적절한 예가 들어가야 할 자리에 예가 빠지면 글의 유기적 관계는 조금 느슨해질 테고요. 근거가 충분히 제시되지 않았는데도 결론 부분에 '아무튼'이나 '어쨌든'이 나온다면 유기적 관계가 흐트러지고 글의 신뢰도가 떨어지겠지요. 앞에서는 '학교 생활'이라고 띄어 써 놓고 뒤에서는 '학교생활'이라고 붙여 쓴다면 옥에 티가 될 겁니다. "수업 시간에 휴대전화 사용 금지"라는 제목으로 글을 쓰면서 "꼭 필요할 때는 문자 메시지나 채팅을 활용하자"라고 결론을 맺으면 어떨까요? 주제에서 어긋났으니 글의 설득력이 떨어질 겁니다.

퇴고 원칙을 9가지로 추려서 다음과 같이 중요도 순서로 정리했습니다.

1. 주제를 벗어나지 않았는가?

2. 빠뜨린 내용은 없는가?

3. 군더더기는 없는가?

4. 표현은 구체적인가?

5. 문장은 어법에 맞는가?

6. 맞춤법과 띄어쓰기는 올바른가?

7. 인용 방법은 적절한가?

8. 문장부호는 제대로 달았는가?

9. 소리 내어 읽어 보아도 자연스러운가?

주제 전달이라는 뚜렷한 한 가지 목적을 명심하면서, 구성 요소들이 유기적 관계에 맞게 잘 짜여 있는지 지금부터 하나씩 검토해 보겠습니다. 조금 더 구체적으로 보여 드리기 위해 예를 들면서 설명하겠습니다.

1. 주제를 벗어나지 않았는가?

여기서부터는 글을 예로 들면서 실제로 글을 어떻게 고치는지 살펴보겠습니다. 이 글의 제목은 '스마트폰 광신도'입니다.

사람들은 식사를 하기 전에도 기도를 하고, 식사 중에도 기도를 하며, 물놀이를 하면서도 기도를 한다. 기도를 하며 걷고, 기도를 하며 버스에 타고, 기도를 하며 지하철에서 내린다.

영화관에서 버젓이 큰 소리로 통화를 하는 어른들을 보면 화가 치민다. 공공장소 전화 예절을 안 지키는 사람들이 너무 많다.

스마트폰에 빠져서 길을 걷다가 맨홀에 빠지는 사고가 일어나기도 한다. 스마트폰 게임인 '포케몬고'에 몰입하다가 벼랑에서 떨어져 죽은 사람도 있다고 한다.

그렇다고 해서 스마트폰에 역기능만 있는 것은 아니다. 순기능도 얼마든지 많다. 우리에게 유용한 정보를 수없이 제공해 주기도 하니까 말이다.

어떤 점이 어색하게 느껴지나요? 이 글을 좀 더 낫게 만들려면 어떻게 고칠 수 있을지 생각해 봅시다. 첫 문단부터 살펴보겠습니다. 사람들이 어디든지 '기도하며' 다닌다는 얘기인데, 스마트폰을 보는 모습을 기도하는 데 비유한 점이 신선하고 재미있네요. 그런데 첫 문장에서 내내 식사 이야기를 하다가 문장이 채 끝나지도 않았는데 갑자기 '물놀이' 이야기가 나오니 조금 어색합니다.

또 이 글의 주제가 '스마트폰 중독'이니 스마트폰에 관해서만 다루는 것이 좋습니다. 둘째 문단에서는 전화 예절에 관해 다루고 있는데, 그러면 범주가 달라져서 논지가 흐려질 수 있으니 조심합시다. 굳이 비판해야 한다면 스마트폰과 직접 관련이 있는 내용만 다루세요.

마지막 문단에서도 주제를 벗어난 문제가 발생했습니다. 독자가 가장 당황스러워할 만한 부분이겠네요. 스마트폰 과다 사용을 비판하는 것이 이 글의 목적이므로, 다른 주제인 '순기능' 이야기로 빠지면 논지가 흐려집니다. 한 가지 좁은 주제를 좀 더 깊이 밀고 나가는 편이 좋습니다. 이런 퇴고를 거친다면 글을 다음과 같이 다시 써 볼 수 있겠지요.

스마트폰 광신도

사람들은 식사 전에도 기도를 하고, 식사 중에도 기도를 하며, 식사 후에도 기도를 한다. 등산을 가면서도 기도를 하고 물놀이를 하면서도 기도를 한다.

영화가 시작됐는데도 스마트폰 신도들은 여전히 예배에 몰입해 있다. 여기저기서 '카톡!', '카톡!' 하는 소리가 울린다.

스마트폰 과다 사용은 다른 사람에 불편을 끼치기도 하지만, 결국 최대 피해자는 자신이다. 스마트폰에 빠져서 길을 걷다가 맨홀에 빠지는 사고가 일어나기도 한다. 스마트폰 게임인 '포케몬고'에 몰입하다가 벼랑에서 떨어져 죽은 사람도 있다.

2. 빠뜨린 내용은 없는가?

퇴고에서는 빠뜨린 내용이 없는지 살펴보는 일도 중요합니다.

'경리'라는 말 뒤에는 요즘도 으레 '아가씨'라는 말이 따라붙는다. '경리 아가씨'라는 말에서는 사무실에서 간단한 업무를 보며 손님들에게 커피를 따라주는 이미지가 연상된다.

1980년대나 1990년대를 배경으로 다룬 드라마에는 "미스 김, 여기 커피 한 잔만"이라는 대사가 종종 나온다. 그런데 지금도 여전히 사회는 커피는 여자가 타 주어야 제맛인 사회에 머물러 있는 것 같다.

존 스튜어트 밀은 『여성의 종속』에서 여성의 능력은 여성 자신도 알 수 없다고 했다. 능력을 발휘할 기회가 처음부터 없었기 때문이다.

40대 가장이 목숨을 끊었다는 기사를 읽어 보면 하나같이 40대 남성을 가리킨다. '가장'은 모두 남자고 '주부'는 모두 여자인가?

글이 어떤가요? 전반적으로 주제를 벗어나지 않고 여성에 대한 차별에 주목해 잘 서술했습니다. 다만 자연스럽지 못한 부분이 눈에 띄네요. 우선 '존 스튜어트 밀'을 언급한 셋째 문단이 어색합니다. 근거를 대려고 저명한 학자의 책을 인용하는 것은 좋지만, 느닷없이 새로운 이야기를 꺼내면 안 되겠지요. 두 단락 사이에 존 스튜어트 밀에 관한 간략한 설명을 넣는 것이 좋겠습니다. 당연히 주제와 관련 있는 내용을 다루어야겠고요.

고치기

셋째 문단과 넷째 문단 사이에도 뭔가 빠졌습니다. 두 문단을 자연스럽게 이어 줄 만한 보충 설명이 필요합니다. '가장'을 남성으로 여기는 사례가 나왔으므로, '주부'를 여성으로 여기는 사례도 나와야 내용의 균형이 맞고 자연스러워질 것 같군요. 자, 고쳐 봅시다.

'경리'라는 말 뒤에는 으레 '아가씨'라는 말이 따라붙는다. '경리 아가씨'라는 말에서는 사무실에서 간단한 업무를 보며 손님들에게 커피를 따라 주는 이미지가 연상된다.

1980년대를 다룬 드라마 「응답하라 1988」에는 "미스 김, 여기 커피 한 잔만"이라는 대사가 나온다. 그런데 30년이 지난 지금도 커피는 여자가 타 주어야 제맛인 사회에 머물러 있는 것 같다. 경리는 경영 관리를 줄인 말이다. 그렇지만 경리의 실제 업무에서 경영 관리가 차지하는 비중은 아주 미미하며 유능한 능력도 필요치 않다.

존 스튜어트 밀은 개인의 다양성이 넘치는 평등한 사회를 만들고자 노력했던 철학자다. 그는 여성을 차별하는 사회를 비판한 저서 『여성의 종속』에서, 여성은 자기 능력을 자신조차 알 수 없다고 적었다. 능력을 발휘해 볼 기회가 아예 주어지지 않기 때문이다.

21세기의 여성은 다르다. 여성은 이제 더 이상 '집사람'이 아니다. 그런데도 40대 가장이 목숨을 끊었다는 기사를 읽어 보면 어김없이 40대 남성을 가리킨다. 30대 주부가 교통사고를 냈다는 기사는 30대 여성만을 가리킨다. '가장'은 모두 남자고 '주부'는 모두 여자인가?

3. 군더더기는 없는가?

군더더기가 많지 않은 간명한 글은 읽기가 훨씬 수월합니다. 명쾌하고 자신 있게, 또는 솔직하고 소탈하게 느껴지기도 하지요. 다음 글을 읽으며 군더더기를 찾아봅시다.

교내 행사 안내를 보다가 반가운 문구를 발견했다. '10년 후에 사라질 직업: 21세기를 위한 진로 안내 특강'이라는 강의 제목에 이끌려 바로 신청했다. 강사는 김유연이라는 분이었다.

그런데 며칠 동안 잊고 있다가 강의 당일 강의 시간 10분 전에야 특강 신청을 했다는 사실이 떠올랐다. 약 10분 정도 지나서 부랴부랴 강의실에 도착하니 박수를 치는 소리가 들린다. 다행히 이제 막 시작된 듯했다.

특강 내용은 모두 도움이 되는 것들이었다. 지금 우리는 몇 세기에 살고 있나? 그렇다. 21세기에 산다. 바야흐로 정보화 혁명의 시대다. 교통과 통신의 비약적인 발달과 SNS의 보급으로 지구촌은 점점 가까워지고 있다.

인공 지능 기술도 계속적으로 발전하고 있다. 기계가 점점 인간이 하던 일을 대신 맡을 것이다. 미래에 사라질 직업도 많을 것이다. 기자, 은행원, 계산원, 펀드 매니저, 변호사….

나 같은 경우는 개인적으로 영어 번역을 좋아하는데, 강의에서 번역가도 미래에는 사라질 것 같다고 해서 약간 실망감을 느꼈다.

어느 학생이 특강을 듣고 쓴 보고문입니다. 밑줄 친 부분들이 군더더기입니다. 예컨대 둘째 문단에서 '10분 정도'라고 추측하는 표현을 썼으므로 앞에 '약'을 또 붙일 필요가 없지요. 그리고 '박수'는 '손뼉을 침'이란 말이므로 동어반복을 피하려면 '손뼉을 치는'이라고 고치거나 '박수 소리'라고만 쓰는 편이 좋습니다.

그런데 이 글은 밑줄 친 부분 말고도 전체적으로 군더더기라 여겨질 부분이 많습니다. 첫 문단은 강의 제목 소개 말고는 크게 의미 없는 내용으로 채워져 있습니다. 쓸데없는 부분을 덜어 내면 훨씬 산뜻한 도입이 될 겁니다.

그런 의미에서 둘째 문단 역시 특별한 내용이 없네요. 누구나 다 아는 뻔한 내용입니다. 더구나 의미 없이 자문자답 식으로 쓰면 글의 흥미를 크게 떨어뜨리니 조심해야 합니다. 구체적인 사례를 들면 문제가 해결될 겁니다.

셋째 문단에서는 '계속'에 붙은 '-적으로'라는 말이 군더더기입니다. 글을 쓸 때 한자어 접미사 '-적'을 습관처럼 붙이곤 하는데, 빼도 지장이 없으면 빼는 게 맞습니다. '공통적 요소', '반복적 학습' 같은 흔한 말에서도 접미사 '-적'을 빼 보세요. 그러면 뜻이 더 뚜렷해집니다. 유기적 관계에 도움이 안 되는 불필요한 군더더기라는 점이 드러나지요.

마지막 문단에도 군더더기가 있습니다. '~ 같은 경우'는 '~과 비슷한 경우'라는 뜻인데요, 여기서는 잘못 썼네요. '나는'이라고 쓰는 게 좋습니다. 또한 자기 의견을 표현하고 있으므로 '개인적으로'처럼 불필요한 표현을 써야 할 까닭이 없습니다. '실망감을 느꼈다'

같은 표현도 군더더기입니다. '실망' 자체가 감정인데, 그 뒤에 감정을 뜻하는 말인 '감'이 또 붙었거든요. '느꼈다'라고 또 쓴 것도 동어반복입니다. '실망했다' 정도면 충분합니다.

군더더기 없는 산뜻한 글로 다음과 같이 한번 고쳐 보았습니다. 덜어내고 비운 곳에는 구체적인 사례를 채워 넣었습니다.

교내 행사로 김유연 강사가 진행한 '10년 후에 사라질 직업: 21세기를 위한 진로 안내 특강'을 들었다. 흥미로운 제목만큼이나 강의 내용도 도움이 되었다.

이미 우리는 SNS가 세계를 하나로 연결하고 언론 매체의 역할까지 하는 시대에 산다. 2013년 4월 16일 보스턴에서 폭탄 테러가 발생한 지 3분도 안 돼 트위터에 그 소식이 알려졌다.

인공 지능 기술도 계속 발전한다. 인간이 하던 일을 점점 기계가 대신할 것이다. 강사는 미래에 기자, 은행원, 계산원, 펀드 매니저, 변호사 같은 직업이 사라질 것이라고 전망했다.

나는 번역을 좋아하는데, 번역가도 미래에는 사라질 것 같다고 하여 약간 실망했다. 그래도 시 번역이라든지 미묘한 감정을 전달해야 하는 번역 분야는 살아남지 않을까?

고치기

4. 표현은 구체적인가?

앞서 군더더기를 없앤 곳에 구체적인 사례를 넣을 수 있다고 했지요? 글을 고칠 때에는 늘 구체적인 표현으로 바꿔 보도록 노력합시다. 다음 글은 한 고등학생의 자기소개서입니다.

저는 초등학교 시절 친한 친구들과 함께 동아리를 하나 만들었습니다. 소설을 읽고 부성애 때문에 장기 밀매를 해도 되는지 열심히 토론했던 적도 있습니다.

중학교 때는 컴퓨터 프로그램을 이용해 동아리 동영상을 만들었던 일이 가장 기억에 남습니다.

고등학교 입학 전까지 취향이 비슷한 동아리 친구들과 함께 미술 전시회를 관람하거나 과학 다큐멘터리를 보고 토론하기를 즐겼습니다. 책은 과학 선생님이 추천한 『엔트로피』를 감명 깊게 읽었습니다.

그러던 중 여러 분야를 융합하여 삶의 질을 향상시키는 분야인 '문화기술'에 대하여 알게 되었습니다. 블로그를 운영하면서 직접 디지털 콘텐츠를 이용해 보았습니다. 또 모 연예인의 팬클럽에서 활발히 활동하며 관련 연구를 했습니다.

여러 어려운 점도 많았지만 친구들과 담임선생님의 격려 덕분에 닥치는 어려움들을 극복할 수 있었습니다. 솔직한 대화의 중요성도 깨달았습니다.

이 자기소개서를 읽고 이 학생의 관심사가 생생하게 그려지나요? 아주 생생하게 느껴지지 않는다면 표현이 구체적이지 못한 탓일 겁니다. 이제 좀 더 구체적으로 고쳐 봅시다. 우선 초등학생 때 만든 동아리가 어떤 동아리인지, 함께 읽은 소설이 무엇인지 구체적으로 적는 게 좋습니다. 그래야 의미도 부여할 수 있습니다.

마찬가지로 중학생 때 만든 영상이 어떤 내용인지, 활용한 프로그램은 무엇인지 밝히면 글이 더 흥미로워질 겁니다. 미술 전시회 관람 경험과 과학 다큐멘터리 시청 경험 중에서 대표적인 사례를 하나쯤 소개하면 어떨까요.

셋째 문단에서는 이 글에서 처음으로 구체적인 책 제목이 나옵니다. 다만『엔트로피』라는 책을 '감명 깊게' 읽었다는 판단만 쓰지 말고 그런 판단에 이르게 된 근거를 보여 주면 더욱 좋겠지요.

'여러 분야', '관련 연구', '여러 어려운 점'처럼 두루뭉술하게 표현하지 마세요. 구체적으로 어떤 분야들인지, 어떤 블로그를 어떤 목적으로 운영하는지, 연예인 팬클럽 회원으로 왜 활동했는지 알려 주면 독자가 여러분을 더 잘 이해할 수 있게 됩니다. 특히 마지막 문단에서는 어려움을 극복한 사례를 적었는데, 선뜻 꺼내기 힘든 이야기인 만큼 차분하게 펼쳐 놓는다면 독자와 더 쉽게 공감할 수 있겠지요. 다음과 같이 고쳐 볼 수 있겠네요.

저는 초등학교 6학년 때 친구들과 '꿈바라기'라는 책읽기 모임을 만들었습니다. 조창인의 소설『가시고기』를 읽고 부성애 때문에 장기 밀매라는 불법을 저질러도 되는지 열심히 토론한 적도 있습니다.

중학생 때는 영상 편집 프로그램인 프리미어를 새로 배워서, 독서 토론 동아리 활동을 다룬 미니 다큐를 만든 것이 가장 기억에 남습니다.

고등학생이 되기 전까지 취향이 비슷한 동아리 친구들과 미술 전시회를 관람하거나 과학 다큐멘터리를 보고 토론을 했는데, 리움미술관에서 주최한 '앤디 워홀 팩토리전'에서 캠벨 수프 통조림 그림과 마돈나 초상을 본 다음 대중문화에 관해 토론한 일, 내셔널지오그래픽 채널이 제작한 우주 다큐멘터리인「코스모스」를 보며 12주에 걸쳐 토론한 일이 무척 즐거웠습니다.

또한 과학 선생님이 권한 제러미 리프킨의 『엔트로피』를 감명 깊게 읽었습니다. 인문학 영역과 자연과학 영역이 따로 떨어진 분야가 아니라 늘 함께 영향을 주고받는다는 점을 알았습니다.

그러던 중 문화예술, 인문사회, 과학기술 영역을 융합하여 인류 삶의 질을 향상시키고자 하는 '문화기술' 분야가 있다는 사실을 알았습니다.

디지털 콘텐츠 운영 방식을 익히려고 블로그를 개설해 국내외의 문화기술 연구 성과를 정리해 두고 있습니다. 정보 블로그를 개설해 2년째 운영하고 있습니다. 운영하면서 직접 디지털 콘텐츠를 이용하고 연구해 보았습니다. 아이돌 그룹 온라인 팬클럽에서 부운영자로 활동한 것도 넓게는 '문화기술' 좁게는 '인터넷 대중문화'에 대한 호기심 때문이었습니다.

최근 어머니가 갑상선암 수술을 받는 바람에 정신적으로 많이 위축되기도 했지만, 친구나 담임선생님처럼 가까운 이들에게 솔직하게 터놓으면서 극복했습니다. 개인적인 일이라고 숨기고 혼자 해결하려고 하기보다 가까운 사람들에게 알리는 것이 당장은 괴롭지만 결국 마음의 안정을 찾는 길이라는 사실도 깨달았습니다.

5. 문장은 어법에 맞는가?

내용을 잘 바로잡았으면 이제 형식에서 잘못된 점은 없는지 살펴봅시다. 문장이 어법에 맞으면 글의 흐름은 아주 자연스러워지지만, 어법에 맞지 않으면 글의 흐름이 끊기거나 어색해집니다.

다음 글은 영화 「랜드필 하모니」를 보고 나서 쓴 감상문의 한 대목입니다. 자연스럽게 느껴지는지 읽어 봅시다.

이 영화는 파라과이에서 쓰레기를 재활용하여 악기를 만들어 연주한다. 「어거스트 러쉬」라는 영화는 음악에 재능이 많은 한 소년이 친부모를 찾아가는 과정을 담은 영화인데, 영화를 보며 이 영화가 떠올랐다.

나는 악기를 연주하는 아이들을 볼 때마다 공감과 이해, 슬픔을 느꼈다. 아이들은 음악에 대한 열정, 외로움을 이겨 내고 어느새 아마추어 예술가가 되어 가고 있었다.

전부 네 문장밖에 안 되지만, 어법에 맞지 않아 혼란스럽습니다. 한 문장씩 꼼꼼히 다시 살펴봅시다.

<u>이 영화는</u> 파라과이에서 쓰레기를 재활용하여 악기를 만들어 <u>연주한다</u>.

주어와 술어가 자연스럽게 어울리는지부터 검토해야 합니다. 이 문장은 '영화는 ~ 연주한다'라는 주술 구조가 되므로 어색합니다.

「어거스트 러쉬」라는 영화는 음악에 재능이 많은 한 소년이 친부모를 찾아 가는 과정을 담은 영화인데, 영화를 보며 이 영화가 떠올랐다.

이 둘째 문장 역시 '영화는 ~ 영화인데' 주술 구조라서 어색합니 다. 동어반복을 피해야 합니다. 또 뒷부분에는 '영화'라는 말이 반 복되어 어느 영화를 가리키는지 불분명해졌네요.

나는 악기를 연주하는 아이들을 볼 때마다 공감과 이해, 슬픔을 느꼈다.

문장 구조상 서술어 '느꼈다'에 '공감'과 '이해'와 '슬픔'이 함께 걸리기 때문에 읽기에 어색합니다.

아이들은 음악에 대한 열정, 외로움을 이겨 내고 어느새 아마추어 예술가 가 되어 가고 있었다.

이 문장 역시 '이겨 내고'에 '열정'과 '외로움'이 함께 걸리기 때 문에 어색해졌습니다. 각각 따로 써야 합니다. 어법에 맞게 다음처 럼 고치면 좋겠습니다.

영화 「랜드필 하모니」는 쓰레기를 재활용하여 만든 악기로 오케스트라를 꾸린 파라과이 한 시골 마을의 소년들 이야기다. 「어거스트 러쉬」는 음악에 재능이 많은 소년 어거스트가 친부모를 찾아가는 과정을 담았는데, 「랜드필 하모니」를 보면서 그 영화가 떠올랐다.

나는 악기를 연주하는 아이들을 볼 때마다 슬픔을 공감하고 이해했다. 아이들은 음악에 대한 열정으로 외로움을 이겨 내며, 어느새 아마추어 예술가가 되어 가고 있었다.

6. 맞춤법과 띄어쓰기는 올바른가?

　맞춤법이나 띄어쓰기가 엉망인 글을 읽으면 내용이 좋아도 선뜻 믿음이 가질 않습니다. 맞춤법은 문장의 맥락과 상관없이 단어에 해당하는 문제라서 따로 예문을 만들지 않고 단어들만 정리해 보았습니다.

틀린 표기	맞는 표기	해설
금새(×)	금세(○)	'금시(今時)에'가 줄어든 '금세'가 맞습니다.
어떻해(×)	어떡해(○)	'어떡해'는 '어떻게 해'가 줄어든 말입니다. '어떻게'는 '어떻다'가 활용한 형태이고요. '어떻해'라고 쓰면 안 됩니다.
내노라하는 (×)	내로라하는 (○)	유명하거나 자랑할 만할 때는 '내로라하는'이라고 씁니다. '내로라하다'가 기본형입니다. '내놓으라고 하는' 게 아니에요.
쉽상(×)	십상(○)	'십상'은 '십상팔구(十常八九)'를 줄인 말로 열에 여덟이나 아홉 정도를 가리킵니다. '거의'라는 뜻이지요.
안 되요(×)	안 돼요(○)	'돼요'는 '되어요'를 줄인 말입니다.
웬지(×)	왠지(○)	'왠지'는 '왜인지'를 줄인 말입니다.
-이예요/ -이여요(×)	-이에요/ -예요(○)	'유미예요'처럼 받침이 없는 글자 뒤에는 '-예요'나 '-여요'가 오고, '수현이에요'처럼 받침이 있는 글자 뒤에는 '-이에요'나 '-이어요'가 붙습니다.
일부로(×)	일부러(○)	'굳이'라는 뜻을 지닌 부사는 '일부러'입니다. '일부로'는 전체의 부분이라는 뜻을 표현할 때만 씁니다. '수메르 지역은 메소포타미아의 일부로…'처럼요.

고치기

틀린 표기	맞는 표기	해설
-할께요(×)	-할게요(O)	'께요'라는 어미는 없습니다. '-게요'라고 써야 합니다.
하마트면(×)	하마터면(O)	'하마트면'이 틀린 말입니다. 하마'트'면은 '틀'린 말, 이런 식으로 떠올리면 외우기 편합니다.
희안하다(×)	희한하다(O)	'희한(稀罕)'은 매우 드물다는 뜻을 지닌 명사입니다.

그런가 하면 표기도 올바르고 언뜻 비슷해 보이지만 상황에 따라 전혀 다른 뜻으로 쓰이는 말들이 있습니다. 헷갈리지 않게 잘 구별하여 써야 합니다.

항목	뜻	예문
띠다	지니다	독특한 성질을 띠다
띄다	사이를 벌리다	한 칸을 띄다
맞추다	들어맞게 견주다	퍼즐을 맞추다 / 정답지와 맞춰 보다
맞히다	적중시키다	과녁을 맞히다 / 문제를 맞히다
바람	'바라다'의 명사형	간절한 바람
바램	'바래다'의 명사형	색깔이 바래다
-로서	자격을 나타내는 부사격 조사	선배로서 내가 충고하는데 말이야…
-로써	수단을 나타내는 부사격 조사	문제는 대화로써 해결해야 한다

그렇다면 띄어쓰기는 어떨까요? 띄어쓰기가 틀리면 문장 뜻이 잘못 전달되기도 합니다. 문장의 맥락과 무관하지만, 한글 표기가

같아도 띄어쓰기는 다르다는 점을 보이려고 따로 짧게 비교 예문을
만들었습니다.

항목	분류	예문
-대로	조사	사실대로 이야기해라.
대로	의존명사	본 대로 이야기해라.
-만	조사	논문 준비에 1년만 더 투자하자.
만	의존명사	논문 쓰느라 1년 만에 집에 갔다.
-만큼	조사	너만큼 나도 열심히 준비했어.
만큼	의존명사	준비한 만큼 실력을 잘 발휘하자.
-뿐	조사	친구야, 믿을 사람은 너뿐이다.
뿐	의존명사	친구야, 난 너를 믿을 뿐이야.
-ㄴ지	어미	이제야 세계사 공부가 얼마나 유익한지 알겠다.
지	의존명사	세계사를 공부한 지 10년이 됐다.
-ㄴ데	어미	날씨가 이렇게 좋은데 문법 공부라니.
데	의존명사	현상과 규칙을 구별하는 일은 문법을 공부하는 데 필수다.

우선 띄어쓰기 원칙부터 확인해 볼까요? 조사는 체언 뒤에 붙여
쓰고, 의존명사는 관형어 뒤에 띄어 씁니다. "사실대로 이야기해
라."에서 "-대로"는 조사이니까 명사인 '사실' 뒤에 붙여 썼습니다.
"본 대로 이야기해라."에서는 어떨까요? 여기서 '대로'는 의존명사
입니다. 의존명사는 홀로 쓰이지 못하는 명사라서 '그런 것'의 '것'

이나 '하는 수 없이'의 '수'처럼 자기를 꾸며주는 말인 관형어와 항상 함께 쓰인다고 했었지요? 관형어인 '본' 뒤에 나온 '대로' 역시 의존명사입니다. 그래서 띄어 쓰지요.

　의존명사는 '대로', '만', '만큼', '뿐', '지', '데' 등 여러 가지가 있습니다. 모습 때문에 조사와도 헷갈리고 어미와도 헷갈리지요. 어미는 용언의 어간에 붙여 씁니다. "날씨가 좋은데"에서 어미는 '-ㄴ데'입니다. "문법을 공부하는 데 필수다"에서 '데'는 의존명사이고, 앞엣말과 띄어 씁니다.

　문장 오류나 맞춤법, 띄어쓰기까지 고친 다음에도 확인해야 할 점이 아직 남아 있습니다. 인용 방법이 적절한지 살펴보는 일입니다. 인용 출처가 명확한 글이 더 나은 글일 테니까요. 이제 살펴볼 문장들은 모두 인용을 포함하고 있습니다.

　베이컨은 '아는 것이 힘이다'라고 말했다.

　인용을 할 때는 어디에 나온 구절인지 확인하고 적는 편이 좋습니다. 또한 해당 구절을 그대로 인용할 때는 홑따옴표가 아니라 겹따옴표를 둘러야 합니다. 그리고 조사 '-라고'는 겹따옴표 뒤에 쓰되 띄지 않고 붙여 씁니다.

　뉴턴은 '내가 더 멀리 볼 수 있었던 것은, 거인들의 어깨 위에 올라섰기 때문입니다'라는 말을 한 적이 있다.

　여기서도 마찬가지로 어디에 나온 구절인지 확인하고 적으면 더 좋습니다. 해당 구절을 그대로 인용할 때는 겹따옴표를 써야 하고요.

　푸앵카레는 "우리는 뭔가를 증명할 때는 논리를 가지고 하지만, 뭔가를 발견할 때는 직관을 가지고 한다"고 말했다.

여기는 겹따옴표를 잘 둘렀는데요, 인용격 조사를 잘못 골랐습니다. 직접 인용에 쓰는 조사는 '-고'가 아니라 '-라고'입니다.

수백 년간 아무도 풀지 못한 푸앵카레의 추측을 증명한 페렐만은 문제에 걸렸던 상금을 거부하면서, 내가 우주의 비밀을 찾고 있는데 어찌 백만 달러에 연연하겠느냐고 말했다.

여기서는 무엇이 잘못되었을까요? 간접 인용은 인용하는 사람의 말투로 다시 옮기는 것이므로, '내가'라고 그대로 두어서는 안 됩니다. 인용하는 사람의 관점에서 고쳐 써야 합니다. 앞의 문장들을 고쳐서 다시 써 보겠습니다.

철학자인 프랜시스 베이컨은 『신기관』에 "아는 것이 힘이다. 참다운 귀납적인 앎이 인간에게 힘을 준다"라고 적었다.
과학자인 아이작 뉴턴은 1672년 로버트 후크에게 보낸 편지에 "내가 더 멀리 볼 수 있었던 것은, 거인들의 어깨 위에 올라탔기 때문이지요"라고 적었다.
수학자인 푸앵카레는 『과학과 방법』에 "우리는 뭔가를 증명할 때는 논리를 가지고 하지만, 뭔가를 발견할 때는 직관을 가지고 한다"라고 적었다.
수백 년간 아무도 풀지 못한 푸앵카레의 추측을 증명한 페렐만은 문제에 걸렸던 상금을 거부하면서, 자신이 우주의 비밀을 찾고 있는데 어찌 백만 달러에 연연하겠느냐고 말했다.

어디에 실린 것인지 인용할 때마다 꼭 밝혀야 하는 것은 아닙니다. 내용만 정확하면 되지요. 다만 출처는 따로 꼭 기록해 두기 바랍니다. 직접 인용에 겹따옴표를 쓴다고 했는데, 그러면 간접 인용에는 홑따옴표가 쓰이는 걸까요? 아닙니다. 간접 인용에는 따옴표를 쓰지 않습니다. 인용하는 구절에 더러 홑따옴표를 붙이기도 하는데 그건 인용 부호가 아니라 강조 부호입니다.

고치기

8. 문장부호는 제대로 달았는가?

사소한 것 같지만 문장부호도 글의 완성도를 높이는 데 중요한 역할을 합니다. 다음 보고문을 읽으면서 문장부호를 제대로 달았는지 살펴봅시다.

제목 : 잠시 빌려 쓰는 지구

2017. 3. 4

정약전이 지은 '자산어보'에 관해 알았을 때, 첫 느낌은 이건 뭐지?!?라는 것이었다. 와~~ 이렇게나 많은 어류 목록을 정리했다니 믿어지지가 않았다. 낙동강생물자원관을 탐방하기로 결심한 것도 그 때문이다!!!

부푼 기대를 안고 드디어 출발~~!! 낙동강생물자원관에는 '우리가 살고 있는 지구는 선조들에게 물려받은 것이 아니라 후손들에게서 잠시 빌려 쓰고 있는 것이다'라는 문구가 적혀 있었다. 박물관에는 동·식물, 어류, 어패류 등 주요 생물 3천여 종 5천여 점의 표본이 전시돼 있다.

맨 처음 눈에 띄는 문장부호는 '제목' 뒤에 붙은 쌍점:인데요, 쌍점은 앞 글자에 붙여 씁니다. 쌍점을 붙인 다음 한 칸 띄고 그 다음 말을 적으면 됩니다.

날짜 표시에서도 틀린 곳이 있습니다. 마침표는 생략 부호의 역할도 하기 때문에, 날짜 뒤에도 마침표를 찍어야 합니다. '일'이 생

고치기

략된 것이니까요.

작품 이름에는 화살괄호 〈 〉를 두르는 게 좋습니다. 자판으로 입력하기가 조금 번거롭지만 낫표 「 」를 둘러도 괜찮습니다. '자산어보'가 아니라 〈자산어보〉라든지 「자산어보」라고 적는 게 좋지요. 그리고 인용 출처를 밝히고자 할 때는 작품 이름에 겹화살괄호나 겹낫표를 쳐서 《자산어보》나 『자산어보』라고 표기합니다.

또 "뭐지?!?" "그 때문이다!!!" "출발~~!!"에서처럼 느낌표나 물음표를 겹쳐서 쓰면 안 됩니다. 그 둘을 섞어서 '?!'처럼 써도 안 됩니다. "와~~"처럼 감탄사 다음에 물결표를 쓰는 것도 올바르지 않은 표기입니다. 물결표는 감정을 표현하는 부호가 아닙니다. 물결표의 역할은 따로 있습니다.

물결표는 "1987~2016"처럼 시간이나 수량의 범위를 표기할 때, 또는 "맞히다. 예) 과녁을 ~ / 문제를 ~"처럼 앞말을 대체할 때만 씁니다.

마지막으로 "동·식물, 어류, 어패류" 이 부분도 이상합니다. 가운뎃점은 같은 종류끼리 묶어 주는 역할을 하는 부호라서, '동·식물'처럼 표기하면 안 되고 '동물·식물'이라고 표기하는 것이 원칙입니다. '어패류'는 '어류'와 '패류'를 합쳐 부르는 말이니, '어류, 어패류'가 아니라 '어류·패류'라고 고쳐야겠지요. 어류를 빼고 '동식물, 어패류'라고만 적어도 됩니다. 문장부호를 바로잡아 다시 써 보았습니다.

제목: 잠시 빌려 쓰는 지구

2017. 3. 4.

영조 시대 학자인 정약전이 지은 〈자산어보〉에 관해 알았을 때, 첫 느낌은 '이건 뭐지?' 하는 것이었다. 와, 탐사 도구 없이 155종이나 되는 어류 목록을 정리했다니 놀라웠다. 낙동강생물자원관을 탐방하기로 결심한 것도 그 때문이다.

부푼 기대를 안고 드디어 출발! 낙동강생물자원관에는 "우리가 살고 있는 지구는 선조들에게 물려받은 것이 아니라 후손들에게서 잠시 빌려 쓰고 있는 것이다"라는 문구가 적혀 있다. 박물관에는 동물·식물, 어류·패류 등 주요 생물 3천여 종 5천여 점의 표본이 전시돼 있다.

9. 소리 내어 읽어 보아도 자연스러운가?

글을 발표하기 전에 해야 할 일이 마지막으로 하나 더 남아 있습니다. 소리 내어 읽어 보는 일이지요. 그러면 눈으로 원고를 볼 때는 보이지 않았던 문장의 어색한 부분을 찾아낼 수 있습니다. 길게 늘어지는 문장을 어디서 끊어야 할지, 쉼표는 어디에 찍어야 할지 여러분 스스로 알아낼 수 있을 겁니다. 다음 글을 소리 내어 읽어 봅시다.

텔레비전에 〈트루먼 쇼〉라는 영화가 나왔다. <u>친구로부터</u> 재미있었다는 말을 들은 적이 있는 것 같다. <u>나는</u> 내가 태어나기도 전에 만들어진 영화라는 것이 믿어지지 않을 만큼 신선하고 재미있었다.

한 사람의 인생을 삼십 년간 생방송으로 중계하며 생기는 이야기를 다룬 이 영화의 마지막 장면에서 트루먼의 주변 모든 것들을 제작진이 자유자재로 조절하며 그를 위한 세상을 만들었음에도 이를 박차고 자신만의 새로운 꿈을 향해 나아가는 트루먼의 간절한 의지와 두려움을 이겨내는 도전 정신을 <u>보여주고 있습니다.</u>

폭풍우를 뚫고 계속 항해를 한 트루먼은 벽을 따라 바다를 걸을 수 있음을 알게 되었고 그 벽을 따라 길이 이어지는 계단을 오르게 되고 그 계단 끝에 '<u>EXIT</u>'라고 적혀 있는 문 앞에 다다르게 된다. 영화를 보고 <u>호수공원을 산책을</u> 갔는데 출구 밖 세상으로 나가던 트루먼의 표정이 계속 떠올랐다.

밑줄 친 부분이 어색하다는 게 느껴지나요? 첫 문단의 '-로부터'

가 틀린 표현은 아니지만 어색한 번역투 표현이라서 '-에게서'나 '-한테서'라고 고쳐 쓰는 게 좋습니다. '친구로부터 편지가 왔다'보다는 '친구에게서 편지가 왔다'가 더 자연스럽거든요. 그다음 문장에서는 '내가'라고 썼기 때문에 굳이 '나는'이라고 주어를 또 쓸 필요가 없습니다.

둘째 문단은 한 문장 안에 세 가지 내용이 담겨 있습니다. 한 사람의 모습이 30년간 생중계됐다는 점, 방송 안의 세상이 모두 트루먼 한 사람을 위한 것이라는 점, 마지막 장면에서 트루먼이 자기 꿈을 이루려고 새로운 세상으로 나아간다는 점. 이렇게 여러 내용을 긴 한 문장 안에 억지로 넣으려다가는 주어와 서술어가 엉켜서 문장이 어색해지기 쉽습니다. 이 세 가지 내용을 각각 한 문장에 담는 것이 좋습니다. 또 평서체로 써도 되고 경어체로 써도 되지만, 그 둘을 섞어 쓰면 안 됩니다. 글을 쓸 때는 일관성을 지키는 일이 매우 중요합니다.

셋째 문단에서도 여러 내용을 한 문장 안에 넣으려다가 문장이 어색해졌습니다. 폭풍우를 뚫고 항해를 한 것과 벽을 발견한 것은 다른 시간에 벌어진 일이므로, 두 문장으로 나누어 쓰는 것이 자연스럽습니다. 문장과 문장 사이는 마침표로 구분해도 되고 쉼표로 구분해도 됩니다. 또 'EXIT'라고 외국어를 그대로 적기보다는 '출구'라는 적절한 한국어로 옮겨서 적는 것이 좋습니다. 한국어 사용자에게는 'EXIT'보다는 '출구'라는 단어가 좀 더 익숙하기 때문입니다.

마지막 문장도 소리 내어 읽어 보면 '호수공원을 산책을'이라는 구절이 좀 어색하게 들릴 겁니다. '-을'이라는 발음이 반복되기 때문입니다. 그러면 읽을 때도 뭔가 부자연스럽지요. 이럴 때는 발음이 겹치지 않도록 '호수공원으로 산책을 갔는데'처럼 조사를 바꾸거나, 다른 단어로 대체하는 것이 좋습니다.

텔레비전에 〈트루먼 쇼〉라는 영화가 나왔다. 친구한테서 재미있었다는 말을 들은 적이 있는 것 같다. 내가 태어나기도 전에 만들어진 영화라는 것이 믿어지지 않을 만큼 신선하고 재미있었다.

이 영화는 한 사람의 인생을 30년간 생방송으로 중계하며 생기는 이야기를 다룬다. 제작진은 주변의 모든 것들을 자유자재로 조절하며 트루먼만을 위한 세상을 만들었다. 그렇지만 트루먼은 자기만을 위해 만들어진 세상을 박차고 새로운 꿈을 향해 나아가려는 간절한 의지와 거침없는 도전 정신을 보여 준다.

폭풍우를 뚫고 항해를 계속한 끝에, 트루먼은 바다 끝에서 계단이 놓인 벽을 발견한다. 그리고 계단 끝까지 걸어가 마침내 '출구'라고 적힌 문 앞에 선다.

영화를 보고 호수공원을 거닐었는데, 출구 밖 세상으로 나가던 트루먼의 표정이 계속 떠올랐다.

소리 내어 읽어 보았을 때 어색한 부분이 드러나지 않는다면 이제 완성입니다. 수고 많았습니다.

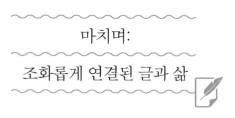

마치며:
조화롭게 연결된 글과 삶

　시간은 좋은 글을 더 훌륭하게 만듭니다. 장기 계획을 세우고 오랜 시간 동안 꾸준히 실천해 온 기록보다 더 나은 글감은 없습니다. 훌륭한 글을 쓰려면 그에 걸맞은 시간 계획을 세워야 하는데, 지금까지 살펴본 것 중에 가장 긴 시간이 필요한 글은 자기소개서였습니다. 자기소개서를 문서로 만드는 시간은 사흘 정도면 충분하지만, 그 안에 들어갈 내용을 실천하는 데는 훨씬 긴 시간이 필요하기 때문이지요. "3년간 꾸준히 해 오고 있습니다"라는 한 구절을 적으려면 3년이 필요하니까요.

　설득력 높은 훌륭한 자기소개서들에는 공통점이 있는데, 어김없이 오랫동안 실천해 온 기획이 있다는 점입니다. 국제정치학과에 지원한 어느 학생에게는 고1 때부터 시작한 '국제 청소년 정치토론 카페' 운영 경험이 있고, 독일어과에 지원한 어느 학생에게는 중3 겨울방학 때부터 주말마다 괴테문화원에서 공부한 경험이 있습니다. 대학 입학 전형에서 교과 성적이나 각종 자격 시험보다 면접의 비중이 점점 커지고 있는데, 학생의 구술 능력을 보는 게 아니라 꾸준한 실천 태도를 높이 평가하겠다는 뜻입니다. 꾸준하고 성실하게 실천하는 것이야말로 학생의 최고 재능이기 때문이지요.

자, 이제부터 여러분이 해야 할 일이 있습니다. 경험 계획을 세우는 일입니다. 경험에는 우리 의지와 관계없이 일어나는 우연적 경험과 우리 의지대로 일어나는 의도적 경험이 있는데요, 우연적 경험들은 마음대로 통제하기가 어렵기 때문에 우리가 스스로 만들어 갈 수 있는 의도적 경험의 비중을 조금씩 높여 가는 일이 중요합니다.

카톡방에서 어떤 글 하나 때문에 예상치 않은 오해가 빚어지고 갈등을 해결하느라 힘들었던 적이 있다면 그건 우연적 경험입니다. 소규모 토론 동아리를 만들고 단톡방을 개설했다면 그건 의도적 경험이지요. 용돈의 10퍼센트를 초록우산어린이재단에 기부하기로 결정하고 5개월간 실천했다면 그것도 의도적 경험입니다. 기자 조슈아 포어가 미국 기억력 경진 대회를 취재하게 된 것은 우연한 계기 때문이었지요. 그렇지만 자신이 직접 출전하여 2006년 미국 기억력 경진 대회 챔피언에 오른 것은 의도적 경험입니다. 의도적 경험은 계획을 세우고 열심히 노력하여 일군 성과라서 우연적 경험보다 훨씬 더 강력한 설득 근거가 됩니다.

우리 삶은 우연적 경험과 의도적 경험으로 뒤섞여 있습니다. 계획을 세우고 성실하게 실천하여 의도적 경험의 비중을 조금씩 늘려 간다면 우리의 삶도 더 바람직한 방향으로 조금씩 움직일 겁니다.

우연적 경험	의도적 경험
제6회 DMZ국제다큐멘터리 백일장에 참여함. 학년 전체가 의무적으로 참여한 것이긴 했지만 영화 감상문 쓰는 것에 흥미를 느낌.	제7회 DMZ국제다큐영화제 백일장에 참여 신청을 함. 한 해 동안 꾸준히 영화 감상문 쓰기 연습을 한 덕인지 장려상을 받음.
채널을 돌리다가 우연히 EBS「공부의 왕도」를 보았음. 방송 내용을 기록해 둠.	「공부의 왕도」에 나온 방식을 본받아 그날 배운 내용을 화이트보드에 강의하듯 정리해 봄.

배우 하정우를 봅시다. 하정우가 '유명한 배우 김용건의 아들' 김성훈으로 태어난 것은 우연한 일입니다. 그렇지만 스스로 노력하여 훌륭한 배우가 되고 사람들이 김용건을 '하정우 아빠'로 부르도록 바꿔 놓은 건 의도적 노력의 결과이지요. 노력하여 바꿀 수 있는 경험 영역을 우리 스스로 만들고 넓혀야 합니다.

살다 보면 의도와 다르게, 어쩔 수 없이 벌어지는 일들을 겪어야 할 때가 있습니다. 시험 당일 몸이 안 좋아서 오랫동안 열심히 준비한 시험을 망치거나, 친구나 교사와 사이가 나빠지거나, 중학생 때의 따돌림이 고등학생 때 되풀이되거나, 사이가 좋지 않았던 부모가 결국 이혼을 하거나… 도무지 자기 의지로 어찌할 수 없는 그런 일들이 일어나기도 하지요. 그렇지만 자기 의지가 개입되지 않은 비극을 극복하는 방법 역시 자기 의지뿐입니다. '그래, 그때 내가 참 슬기롭게 대처했지' 하고 미래의 당신이 지금의 당신에게 말을 건네게 해야 하지요. 한층 더 성숙한 인간이 됐을 미래의 여러분이 건네는 현명한 이야기에 귀를 기울이면, 영원한 상처가 될 수도 있을 시련이 기적처럼 값진 경험으로 뒤바뀔 것입니다.

자기가 의도하지 않은 시련을 만났을 때, 좌절하지 않고 끝내 시련을 극복하는 인간의 모습은 훌륭한 글의 영원한 테마입니다. 여러분에게 닥치는 크고 작은 시련을 그런 테마로 멋지게 바꾸기 바랍니다.

이런 겸손한 노력에서 인간의 고귀함이 엿보이는 것 같습니다. 피아니스트 조성진은 스무 살 나이로 쇼팽 콩쿠르에서 우승했습니다. 그는 이렇게 말했지요. "유명해지는 건 황홀한 일이지만 제게 중요한 것은 탁월한 음악가가 되는 겁니다." 자기 분야에서 세계 최고 경지에 오른 이들은 남들을 이기려 하기보다 언제나 자신의 한계를 조금씩 극복하고 넓히려고 노력했습니다. 이들의 역량이 처음부터 최고는 아니었지만, 이들의 태도만큼은 어릴 적부터 항상 최고였습니다.

여러분의 지식, 여러분의 능력은 아직 최고가 아닐지 모르지만 태도만큼은 세계 최고가 될 수 있습니다. 결심만 하면 삶이 바뀝니다. 결단과 깨달음만으로 삶의 방향을 아예 바꾸는 것은 인간이 지닌 기적 같은 능력이지요. 영화 「아폴로 13」의 주인공인 아폴로13호 사령관 제임스 러벌은 이렇게 말합니다. "우리는 달 위를 걷는 시대에 살고 있습니다. 기적은 아닙니다. 달에 가려고 결심했을 뿐이죠." 이 책을 읽은 여러분 중에 누가 세계 최고 수준의 글을 쓰겠다고 결심했는지 저는 알지 못합니다. 그렇지만 여러분 자신은 이미 압니다.

지금까지 나온 설명대로 실천하면 분명히 글을 잘 쓸 수 있습니다. 무난하고 좋은 글에 머물지 않고 가장 좋은 글을 쓰는 방법, 여러분의 글쓰기 실력을 세계 최고 수준으로 끌어 올리는 비법은, 저 멀리 어딘가에 있는 게 아니라 바로 여러분의 '지금 여기'에 있습니다. 글을 잘 쓰려면 여러분이 좋은 글감이 되세요. 여러분의 삶이 최고가 되면 여러분의 글도 최고가 됩니다.

청소년 시절은 장래에 펼쳐질 근사한 진짜 삶을 준비하는 인고의 시기가 아닙니다. 청소년 시절은 근사한 진짜 삶을 살며 기쁨을 한껏 누려야 할 값진 시기입니다. 그 값진 시절을 최고로 빛나게 만드는 길이 있습니다.

친구에게 말 한마디를 건넬 때 정성을 다하세요. 안부 문자 하나를 보낼 때도 최선을 다해 문구를 다듬어 보내고요. 그러면 그 순간 여러분은 문자 메시지를 받는 사람에게 더 의미 있는 존재가 됩니다. 여러분이 좋아하고 아끼는 사람에게 선물을 하나 보낼 때도, 어떤 선물을 어떻게 보내야 그 사람이 더 기뻐하고 행복해할지 궁리해 보세요. 그러면 선물을 고르고 준비하는 과정이 골치 아프고 번거로운 일에서 아주 즐겁고 유쾌한 경험으로 바뀝니다.

이메일 한 통을 보낼 때도 표현 역량을 최대한 발휘하여 써 봅시다. 독서 감상문을 쓸 때도 한 번쯤은 전 세계의 고등학생이 감탄할 만한 주제를 끌어내 봅시다. 블로그를 운영할 때도 1년에 한 편 정도는 고등학생 최고 수준으로 글을 씁시다. 노트 정리 '끝판왕'이 되고, 개념 정리 달인이 됩시다. 청소 봉사를 하는 그 순간만큼은 세상에서 최고로 비질을 잘하는 사람이 됩시다. 여러분이 좋아하고 아끼는 취미가 얼마나 근사하고 아름다운 것인지, 세상 누구보다 잘 설명해 봅시다.

이 중에서 단 하나만 잘해도 좋습니다. 다만 그 일을 세계 최고로 꾸준하게 합시다. 그러면 여러분의 학창 시절은 값진 경험, 즉 값진 글감으로 하나둘씩 채워질 것이며, 그 기록은 단순한 글감을 넘어서 여러분을 세계 최고 인물로 성장시키는 무한한 에너지가 될 것입니다. 그런 작은 발걸음이 모여 인생의 커다란 도약을 이룹니다.

한결같은 마음으로 한결같이 실천하여, 남에게 인용될 만한 가치 높은 삶을 사는 일. 글 쓰는 다른 이들에게 여러분의 삶이 훌륭한 예시가 되는 일. 그것이 여러분의 삶을 더 고귀하게 만들고 여러분의 글을 더 값지고 아름답게 만드는 최고 비결입니다.

창비청소년문고 22

글쓰기 기본기

초판 1쇄 발행 • 2016년 11월 25일
초판 8쇄 발행 • 2023년 6월 29일

지은이 • 이강룡
펴낸이 • 강일우
책임편집 • 정소영
조판 • 신혜원
펴낸곳 • (주)창비
등록 • 1986년 8월 5일 제85호
주소 • 10881 경기도 파주시 회동길 184
전화 • 031-955-3333
팩시밀리 • 영업 031-955-3399 편집 031-955-3400
홈페이지 • www.changbi.com
전자우편 • ya@changbi.com

ⓒ 이강룡 2016
ISBN 978-89-364-5222-3 43080